バランスのとれた働き方

バランスのとれた働き方―不均衡からの脱却
CONTENTS

009 はじめに
都会で働くビジネス・パーソンの特徴
―正社員・非正社員の比較　　　　　　　　　連合総研事務局

Summary …………………………………………………………010
1　本書の目的………………………………………………………011
　1　ビジネス・パーソンを取り巻く"不均衡"
　2　使用するデータ
2　本書の概要………………………………………………………013
3　都会で働くビジネス・パーソン―正社員は理想的な働き方か
　………………………………………………………………………016
　1　都会で働くビジネス・パーソン―全国との比較でみた特徴
　2　正社員は理想的な働き方か
COLUMN　若者の就業と生計との関係……………………………029

第1章
031 必要な人にセーフティネットを
―消えない雇用不安　　　　　　　　　　　　千葉登志雄

Summary …………………………………………………………032
1　雇用不安の実像…………………………………………………033
　1　雇用情勢が好転しても減らない「不安」
　2　雇用不安を強く感じているグループ
2　雇用不安のセーフティネット…………………………………045
　1　セーフティネットの類型区分
　2　セーフティネットに関するミスマッチの諸相
　3　若干のまとめ―必要な人に必要な支援を―

参考	転職とセーフティネット	054
メッセージ	40代サラリーマンの自己啓発	057
COLUMN	疲れているのは誰？	060

第2章
063 「過労死予備軍」と「賃金不払い残業」
―解消に向けて　　　　　　　　　　　　川島千裕

Summary ……………………………………………………064
1 「過労死予備軍」の働き方と生活の現状 ……………065
  1　増加する短時間労働者と長時間労働者
  2　正社員の2割に達する「過労死予備軍」
  3　「仕事量の多さ」が残業の主因
  4　長時間労働で削られる睡眠時間
  5　体に悪い長時間労働
  6　長時間労働は仕事や生活の満足度にも悪影響
2 なくならない「サービス残業」 …………………………074
  1　雇用者の4割がサービス残業（賃金不払い残業）をしている
  2　「実労働時間」の長短が賃金不払い残業に大きく影響
  3　「勤務時間管理の方法」の違いも賃金不払い残業に影響
  4　理由の第1は上司への気兼ね
  5　賃金不払い残業の解消に向けて
メッセージ　労働組合・人事部の皆さんへ ……………083
COLUMN　睡眠不足は体に悪い ………………………084

第3章
087 働く女性の二極化
―ビジネス・ウーマンの実像　　　　　　　　　　　　佐藤　香

Summary ………………………………………………………088
1 イメージとしてのキャリア・ウーマン……………………089
　1　「キャリア・ウーマン」イメージと女性の働きかた
　2　働く女性の収入
　3　女性の収入と世帯の収入
2 女性たちの職場環境…………………………………………100
　1　女性たちの職種
　2　女性たちの労働時間
　3　転職意向と仕事上の不安
3 働く女性のワーク・ライフ・バランス……………………112
　1　一日の時間配分
　2　就業形態による家事頻度の違い
　3　どんな活動を増やしたいか
メッセージ　働く女性たちへ：3つの望みをかなえよう　……124
COLUMN　「103万円の壁・130万円の壁」………………126

第4章
127 男性の家事参加を進めるために
―家事が意味するもの　　　　　　　　　　　　　　永井暁子

Summary ………………………………………………………128
1 まだまだ少ない男性の家事参加……………………………129
　1　官庁統計でみる男性の家事参加

2　平日は仕事中心、休日は休息とちょっとだけ家事
  3　得意な家事は「ゴミだし」？
2　男性の家事参加を可能にする条件……………………………136
  1　男性は家事から逃げているのか
  2　家事をする男性は、一人暮らし、共働き、残業なし、柔軟な労働時間
  3　男性が家事をする生活が意味するもの
**メッセージ　家族をつくりつつある男性の同僚・部下・上司のみ
　　　　　　　なさんへ** ……………………………………………144
COLUMN　結婚への高いハードル……………………………146

第5章
149　ビジネス・パーソンは景気に敏感
　　　——格差拡大　　　　　　　　　　　　　　　　岡田恵子

Summary ……………………………………………………………150
1　ビジネスパーソンがみた景気回復……………………………151
  1　ビジネスパーソンがみた景気回復
  2　物価は実感では徐々に上昇
  3　世帯消費の動き
2　所得格差の拡大…………………………………………………165
  1　格差の拡大
  2　格差拡大の要因
メッセージ　企業で働いている人たちへ：生活実感を大切に　170
COLUMN　景気に関する意識調査あれこれ……………………171

第6章
173 権利理解と労働組合
―組合効果のアピールを

佐藤博樹

Summary ………………………………………………………174
1 労働に関わる権利の認知度………………………………175
  1 労働に関わる権利理解の重要性
  2 労働に関わる権利の認知度
  3 権利認知度得点からみた特徴
2 労働組合への加入意向と労働組合の必要性……………183
  1 低下する労働組合組織率
  2 団結権に関する認知度の低下
  3 労働組合への加入状況
  4 労働組合の必要性
  5 労働組合の必要性を規定する要因
  6 労働組合への加入意向
メッセージ　労働組合も高校における労働者教育への支援を
………………………………………………………………194

第7章
197 劇場政治と勤労者
―問われるこれからの選択

前田幸男

Summary ………………………………………………………198
1 働き方と政党支持…………………………………………199
  1 自民安定の下で民主党への期待も：三つの内閣と世論の潮流
  2 社会的属性と支持政党：女性に不人気な民主党

3　仕事・職場と支持政党：大企業ホワイトカラー層で強い民主党
2　投票選択と業績評価……………………………………210
　1　景気、年金と医療改革にどう反映したか—2003年11月総選挙　第6回のデータから
　2　小泉政権への失望から批判へ—2004年7月総選挙　第7回と第8回のデータから
　3　構造改革は格差と雇用不安を残した—2005年9月総選挙　第10回のデータから
　4　年金・福祉問題が争点に—2007年7月参議院選挙　第13回と第14回のデータから
メッセージ　民主党の政治家へ　……………………………228
COLUMN　民主党は女性に人気がない？………………………229

230 おわりに
ワーク・ライフ・インバランスの解消を
佐藤博樹

あとがき　………………………………………………………238

はじめに

都会で働くビジネス・パーソンの特徴
―正社員・非正社員の比較―

連合総研事務局

Summary

　ここでは、本書の目的や概要を提示したうえで、本論に入る前の導入として、本書の主役である都会で働くビジネス・パーソンの属性と、彼ら・彼女らの働き方のひとつの側面である雇用形態―正社員と非正社員―を取り上げることにする。

　都会で働くビジネス・パーソンは、全国と比較して、勤め先の会社の業種や企業規模などには大きな違いはないが、男女ともに学歴が高く、ホワイトカラー職種で働いている人が多いという特徴がある。

　彼ら・彼女らの勤務先や生活に対する満足度をみると、正社員、非正社員といった雇用形態の違いにかかわらず、「満足」している人と「不満」に思っている人がともに存在する。また、正社員と非正社員の現在の「仕事」を比較すると、正社員の働き方は家計をまかなえる賃金は得られるが、時間的な余裕はない、一方で非正社員は正社員に比べて仕事と生活のバランスがとりやすく、かつストレスも少ないが、家計をまかなえる賃金は稼げない、という現状が明らかになる。どちらの働き方が望ましいというのではなく、正社員・非正社員ともにその働き方の中に"不均衡（インバランス）"が生じているようだ。

1 本書の目的

1 ビジネス・パーソンを取り巻く"不均衡"

　日本は、戦後最長の景気回復をつづけてきた。しかし、ビジネス・パーソンの仕事と暮らしの「日常」は、必ずしも「回復」の実感が得られるものとはなっていない。そして、彼ら・彼女らの多くが自らの仕事や暮らしに対してさまざまな不安や悩みを抱えている。

　ビジネス・パーソンたちが抱えるこのような不安や悩みは、個々に感じているものだけでなく、広く多くの人が共通して抱いているものである。こうした共通の「不安」や「悩み」は彼ら・彼女らの仕事や生活のいたるところに生じている"不均衡"に原因があると考えられる。

　本書では、2001年から実施しているアンケート調査のデータを使って、ビジネス・パーソンの仕事と暮らしの実情と、その中にある"不均衡"を解明していく。ここで、本書で取り上げる7つの"不均衡"挙げておこう。

　　"不均衡1"　　「正社員⇔非正社員」
　　"不均衡2"　　「雇用不安⇔セーフティネット」
　　"不均衡3"　　「男性の働き方⇔女性の働き方」
　　"不均衡4"　　「長時間労働⇔ワーク・ライフ・バランス」
　　"不均衡5"　　「景気回復⇔格差拡大」
　　"不均衡6"　　「無党派層の増加⇔政党政治」
　　"不均衡7"　　「不安・悩み⇔労働者の権利の認知」

第1章以降、データが語る2000年代のビジネス・パーソンの仕事と暮らし、そしてその中で生じている"不均衡"を明らかにし、今後バランスのとれた仕事と暮らしを実現するために何が必要かを検討していく。

2 使用するデータ

　本書は、アンケート調査のデータに基づいて展開していく。使用するアンケート調査は（財）連合総合生活開発研究所（以下、（財）連合総研）が年2回（4月と10月）実施している「勤労者の仕事と暮らしについてのアンケート調査」（以下、「勤労者短観」）である。この調査は、景気・雇用・生活の動向を明らかにするために、民間企業で働くビジネス・パーソンたちの日本の景気動向に対する認識や仕事、暮らしについての意識を把握することを目的に実施しており、首都圏（埼玉、千葉、東京、神奈川）、関西圏（滋賀、京都、大阪、兵庫、奈良、和歌山）に居住する主に20〜50代の民間企業で働く人々を対象にしている。

1　調査対象者は、総務省統計局「就業構造基本調査」の首都圏および関西圏における雇用者の性別、年齢別、雇用形態別分布を考慮したうえで割付を行い、調査回ごとに㈱インテージのモニター（全国約24万人、2007年）の中から首都圏、関西圏に居住する20〜50代約900名を抽出している。ただし、第5回調査（2003年4月）はサンプルを追加し首都圏、関西圏居住者1000名、政令指定都市居住者1000名に配布した（本書で使用するデータからは政令指定都市の回答は除外）。また、調査票は直近の調査の回答者と重複しないように配布しているが、第6回（2003年10月）は第4回（2002年10月）と約3分の2を同一モニターとするように配布しており、第6回の回答者の70.2%が第4回と同一となっている。また、第10回（2005年10月）以降、60代前半層を追加しているが、サンプル確保のため、20〜50代とは異なる基準で200名を抽出している。調査は郵送自記入式のアンケート調査票による。調査項目は継続的に実施している「定点項目」と調査回ごとにテーマを取り上げて実施する「トピックス項目」で構成されている。本調査の実施概要は連合総研ホームページhttp://www.rengo-soken.or.jp/を参照。また、連合総研では個票データを東京大学社会科学研究所付属日本社会研究情報センターSSJデータアーカイブに寄託しており、大学または研究機関の研究者、教員の指導を受けた大学院生はデータの利用ができる。詳細はhttp://www.ssjda.iss.u-tokyo.ne.jp/を参照。

本書は、勤労者短観を開始した2001年4月の第1回調査から2007年4月に実施した第13回調査までのデータを再集計し、2000年代の働く人たちの実情についてあらゆる角度からの分析を行う[1]。

2　本書の概要

　本書は、第1章以降、ビジネス・パーソンの仕事や暮らしをさまざまな角度から詳細に分析していく。各章では、冒頭でその章で述べられているポイントを提示し、その後、データに基づいた分析を行う。「おわりに」では、第1章から7章までの分析に基づき、ビジネス・パーソンの仕事や暮らしの中にある"不均衡"を解消するための対応策を提起したい。また、各章にある「メッセージ」では、章のテーマに沿って、執筆者からの読者へのメッセージが添えられている。

　第1章「必要な人にセーフティネットを―消えない雇用不安」（千葉登志雄）では、完全失業率が低下し、雇用情勢が好転しても解消されないビジネス・パーソンの「雇用不安」の実態を取り上げる。第1節では、データから相対的に雇用不安を強く感じているグループの存在を導き出し、続く第2節では、雇用不安を感じている人に対して必要なセーフティネットが備わっているか、について考察を行っている。
　第2章「『過労死予備軍』と『賃金不払い残業』―解消に向けて」

13

(川島千裕)では、近年、いっこうに改善されない「長時間労働」の問題を取り上げ、中でも、週実労働時間が60時間以上の層を「過労死予備軍」とし、彼らの仕事と生活に注目し、分析している。また、長時間労働のもう１つの大きな問題である「賃金不払い残業（サービス残業）」の実態を紹介し、不払い残業の解消、長時間労働是正のための方策を検討している。

第３章「働く女性の二極化―ビジネス・ウーマンの実像」（佐藤香）では、大都市で働く女性たちの働き方、収入、職場環境、ライフスタイルなどについて分析している。第１節では、働く女性の「収入」に焦点をあて、「キャリア・ウーマン」の増加と経済的自立、世帯所得の平等化／不平等化について論じている。また、第２節では、女性たちの職場環境に注目し、職種や就業形態の分布、労働時間、転職意向、仕事への不安感を軸に分析を行う。第３節では、働く女性のワーク・ライフ・バランスをとりあげ、就業形態の違いによる家事分担の状況や彼女たちの望むライフスタイルについて考察している。

第４章「男性の家事参加を進めるために―家事が意味するもの」（永井暁子）では、男性の家事参加の状況と働き方、働かされ方との関係を検討し、男性の家事参加が可能になる条件を探る。第１節では、国際的にみてきわめて少ない日本の男性の家事参加の状況について、データを用いて年代別に分析し、さらに男性が担っている「家事」の具体的な内容をみる。第２節では、世帯類型や仕事時間の長短、労働時間制など働き方・働かされ方から男性の家事参加を可能にする条件を考察している。

第５章「ビジネス・パーソンは景気に敏感―格差拡大」（岡田恵子）では、ビジネス・パーソンの景気の現状についての見方を分

析する。第1節では、既存統計と勤労者短観との比較から、ビジネス・パーソンの勤め先の企業の経営状況や景気動向への判断をみる。第2節では、所得格差に対する意識から格差拡大の要因を探る。

　第6章「権利理解と労働組合―組合効果のアピールを」（佐藤博樹）では、労働者の働き方に関わる権利の理解に着目し、まず、労働者の権利の認知状況をみる。そして権利の認知を高めるために必要な労働組合の役割、さらには未組織層に対する労働組合の存在意義や効果の浸透が労働組合の組織化に結びつく可能性についても論じている。第1節では、年代、学歴、企業規模、雇用形態、労働組合の加入の有無別に労働に関わる権利の認知状況をみる。第2節では、団結権に関する認知度の低下を示した上で、ビジネス・パーソンの労働組合の加入状況と彼ら・彼女らの労働組合に対する意識について分析する。

　第7章「劇場政治と勤労者―問われるこれからの選択」（前田幸男）では、小泉政権後期のビジネス・パーソンの政治的態度を分析する。第1節では、最近のビジネス・パーソンの政党支持における変化と働き方―企業規模、職種、就業形態―の違いによる政党支持の状況を特に自民党支持と民主党支持との比較で分析している。第2節では、2003年衆議院総選挙、2004年参議院選挙、2005年総選挙、さらに2007年参議院選挙を取り上げ、それぞれの選挙に対するビジネス・パーソンの反応を分析する。

3 都会で働くビジネス・パーソン
―正社員は理想的な働き方か

1 都会で働くビジネス・パーソン―全国との比較でみた特徴

次に、本書で使用するデータの調査対象者であるビジネス・パーソンのプロフィールを示すことにする。その際、勤労者短観の調査回答者の特性を明らかにするために、「日本版総合的社会調査（Japanese General Social Surveys:JGSS）」（以下、JGSS調査）の調査対象との比較を行う[2]。

勤労者短観の回答者は、データの統合が可能な第2回から第13回の調査に回答した9,179人分のデータを使用する。JGSS調査は2000-2003年の累積データを使用するが、2つの調査対象者の属性を比較するために、年齢、業種、職種、就業形態をコントロールし、20～50代の民間雇用労働者2,583人分のデータを使用する[3]。勤労者短観は都市部の雇用労働者を対象としているのに対し、JGSS調査は日本全国を対象としたサンプル調査である。全国規模のJGSS調査と属性比較をすることによって、勤労者短観の対象である都市部（首都圏・関西圏）のビジネス・パーソンの特性が明らかとなる。

---

2 分析に当たり、東京大学社会科学研究所附属日本社会研究情報センターSSJデータアーカイブから〔「日本版General Social Surveys（日本版総合的実態調査）＜JGSS累積データ2000-2003＞」（大阪商業大学地域比較研究所・東京大学社会科学研究所）〕の個票データの提供を受けた。
　日本版総合的実態調査は、日本人の意識や行動を総合的に、かつ、継続的に調べることを目的に実施されている社会調査であり、就業や生計の実態、世帯構成、余暇活動、犯罪被害の実態、政治意識、家族規範、死生観など多岐にわたりさまざまな問題に応じた調査データを蓄積、公開をしており、幅広い分野の研究・教育に役立てられている。

では、2つの調査回答者のプロフィールの比較をしてみよう。

1）性別

まず、性別をみると、勤労者短観の回答者は男性5,702人、女性3,477人、JGSS調査は男性1,479人、女性1,104人である。

2）年齢

年齢の分布をみると、勤労者短観、JGSS調査ともに20代～50代がそれぞれほぼ4分の1ずつ分布しているが、JGSS調査では男性20代の比率が2割程度とやや少なく、勤労者短観については女性20代が3割とやや多い。

3）学歴

学歴については、勤労者短観、JGSS調査で違いがみられる。男女ともに、JGSS調査は「中学・高校卒」の比率が高く、ともに6割程度を占めているのに対し、勤労者短観については、男性

---

3 JGSS調査のデータは次のような処理を行った。学歴については、旧制学校、「わからない」を除外している。産業については、JGSS調査の産業コードから農林漁業、鉱業、公務、兵役を除外、分類不能の産業を「その他」として各産業を勤労者短観の産業区分にあてはめる形で分類を行った。職業については、同調査の職業コードから公務、農林漁業に関わる職業を除外、分類不能の職業を「その他」として勤労者短観の職業区分にあてはめる形で分類した。企業規模については、「わからない」を除外し、勤労者短観の企業規模の区分に合わせて分類にした。就業形態については、勤労者短観同様、民間雇用労働者に限定しているが、JGSS調査の民間雇用労働者の分類は勤労者短観と異なっていたため、JGSS調査の「常時雇用」を「正社員」に、「臨時雇用・パート・アルバイト」を「パート・アルバイト」として集計を行った。また、勤労者短観については「正社員」に役員が含まれるが、JGSS調査では「経営者・役員」を除外して集計している。年齢と上記の学歴、産業、職業、企業規模、就業形態（自営業等民間雇用労働者以外を除外）の処理をすると「経営者・役員」を含めた回答者数2,700名となる。そのうち、「経営者・役員」は117名（4.3％）であった。

で「四年制大学卒、大学院修了」が57.1％と6割近くを占め、また、女性は「専修・各種学校、短大・高専卒」が37.2％、「四年制大学卒、大学院修了」が23.6％と専修・各種学校、短大・高専卒以上が約6割を占める。

4）産業

次に、調査回答者が働いている会社の特性について、みていくことにする。

業種の分布についてみると、男性については、勤労者短観、JGSS調査ともに類似した分布となっている。「製造業」が3割強を占め、ついで（「卸売・小売業、飲食店」、「サービス業」を除いた）「その他非製造業」、「サービス業」、「卸売・小売業、飲食店」

表0-1-1 勤労者短観とJGSS調査との比較—年代、学歴

(％)

		勤労者男性	JGSS男性	勤労者女性	JGSS女性
年代	20代	23.0	20.2	30.1	22.6
	30代	27.6	26.0	22.6	24.5
	40代	23.6	25.8	23.7	26.3
	50代	25.7	27.9	23.5	26.7
学歴	中学・高校卒	29.6	56.6	38.6	62.1
	専修・各種学校、短大・高専卒	12.8	8.0	37.2	24.6
	四年制大学卒、大学院修了	57.1	35.0	23.6	12.5
	無回答	0.5	0.3	0.6	0.7
	回答数（人）	5702	1479	3477	1104

(注) 勤労者短観：第2～13回　統合データ。
　　 JGSS：2000～2003　累積データ。

の順である。女性は、勤労者短観では「サービス業」が4割弱を占め最も高い比率となっており、一方、JGSS調査は勤労者短観に比べ、「製造業」、「卸売・小売業、飲食店」の比率が高い。

5）職業

職業についてみると、勤労者短観では、男性は「管理職」が21.4％と2割を占め、「専門・技術職」の比率も27.4％と管理職と専門・技術職が半数近くを占めている。これに対し、JGSS調査は、管理職、専門・技術職とをあわせてもその比率は2割弱にとどまっており、約4割が「保安・警備、運輸・通信、生産」の職種に従事している。女性については、勤労者短観は「事務職」（40.5％）、「専門・技術職」（17.8％）の比率が高いが、JGSS調査では、「保安・警備、運輸・通信、生産」が22.5％と勤労者短観の5.5％を大きく上回っている。

6）企業規模

企業規模については、勤労者短観、JGSS調査との間で大きな違いはみられないが、男女で異なる分布がみられる。男性については、勤労者短観、JGSS調査ともに「99人以下」が3割程度にとどまり、「1,000人以上」規模の比率が「99人以下」を上回るのに対し、女性は「99人以下」が約4割を占め、男性に比べ、小規模の企業で働いている人の比率が高い。

7）就業形態

就業形態についても、男女で分布が異なっている。勤労者短観、JGSS調査ともに男性は「正社員」が9割程度を占めるのに対し、

女性は、非正社員の比率が高く、勤労者短観では半数以上、JGSS調査でも半数程度を占める。また、女性の「パート・アルバイト」の比率はJGSS調査（44.1％）が勤労者短観（40.4％）を上回っているが、勤労者短観では、「契約・派遣」が14.7％を占める。

このように、2つのデータの比較を行うことによって、勤労者短観の回答者の特性がみえてくる。都市部の民間雇用労働者、つまり本書で使用したデータの対象となるビジネス・パーソンは、

- 学歴が高く、男性では四年制大学卒以上が、女性では専門・短大・高専卒、四年制大学卒以上が半数以上を占める
- ホワイトカラー職種の比率が高く、「保安・警備、運輸・通信、生産」の職種で働く人の比率が低い
- 男性は正社員中心で、女性はほぼ半数が非正社員であるという点については、他の地域と大きな違いはないが、女性の場合「契約・派遣」という働き方が一定の割合を占める

といった特徴があげられるだろう。

2 正社員は理想的な働き方か

それでは、第1章に入る前に、本書で取り上げる"不均衡"の中から、正社員と非正社員との間の"不均衡"について考えたい。パート、アルバイト、派遣、契約社員など正社員でない働き方で働く人（以下、「非正社員[4]」）が急速に増えている。総務省統計局「労働力調査」によれば、雇用労働者に占める非正規労働者の割合

---

4 勤労者短観の正社員、非正社員の分析は、就業形態で「その他」を除いて集計している。

はじめに　都会で働くビジネス・パーソンの特徴

表0-1-2　勤労者短観とJGSSとの比較—産業、職業、企業規模、就業形態

(％)

		勤労者男性	JGSS男性	勤労者女性	JGSS女性
産業	製造業	31.6	34.8	15.0	22.6
	卸売・小売業、飲食店	13.0	17.5	21.9	29.4
	サービス業	24.8	18.9	39.5	31.9
	その他非製造業	26.9	27.7	18.4	15.2
	その他	2.8	0.3	3.9	0.5
	無回答	0.9	0.7	1.2	0.4
職業	管理職	21.4	5.3	1.8	0.3
	専門・技術職	27.4	11.9	17.8	12.5
	事務職	14.0	25.4	40.5	34.2
	営業・販売、サービス	22.2	15.8	27.9	30.1
	保安・警備、運輸・通信、生産	12.4	40.5	5.5	22.5
	その他	1.6	0.5	4.9	0.4
	無回答	1.0	0.5	1.6	0.1
企業規模	99人以下	30.7	26.7	42.9	40.0
	100〜999人	31.8	37.6	27.9	30.2
	1000人以上	36.3	34.3	24.6	28.0
	無回答	1.2	1.4	4.6	1.8
就業形態	正社員	89.3	94.3	44.1	50.5
	パート・アルバイト	5.5	4.1	40.4	44.1
	契約・派遣	5.0	1.1	14.7	3.3
	無回答	0.1	0.5	0.8	2.1
	回答数（人）	5702	1479	3477	1104

(注)　勤労者短観：第2〜13回　統合データ。
　　　JGSS：2000〜2003　累積データ。

は1990年代半ば以降、急速に増加を続け、2006年の雇用労働者に占める非正規労働者の割合は33.0％と約3分の1を占めている。

　一般的に、正社員の方が非正社員に比べて、賃金が高く、安定した働き方であるとされているが、正社員と非正社員の働き方は何が違うのか、また、現在の「正社員」という働き方は本当に理想の働き方なのかについて、「仕事」に関わるいくつかの側面から検討していきたい。

1）仕事と生活に関する満足度

　まずはじめに、勤労者短観のデータ（第10〜13回統合データ）を使って、正社員と非正社員の仕事や生活に関する満足度についてみることにする。

　勤務先の満足度について、「あなたは、今の勤め先での仕事について、どの程度満足していますか」という問いに対し、正社員では「満足している」（「かなり満足している」＋「やや満足している」）が54.5％、「満足していない」（「あまり満足していない」＋「ほとんど満足していない」の合計）が43.7％となった。非正社員については、「満足している」が59.4％、「満足していない」38.5％となり、正社員と非正社員ともに「満足」が「不満」を上回っており、非正社員で満足度がやや高い。

　一方、生活満足度についての設問（「あなたは生活全般について、どの程度満足していますか」）をみると、正社員では、「満足している」が60.8％、「満足していない」が37.8％、非正社員では、「満足している」53.1％、「満足していない」が45.2％と、勤務先の満足度とは反対に正社員の方が生活に対する満足度が高くなっ

はじめに　都会で働くビジネス・パーソンの特徴

ている。

　このように、仕事と生活に関する満足度を正社員と非正社員で比較すると、非正社員は正社員に比べて勤務先満足度は高く、一方で正社員は非正社員に比べて生活に関する満足度が高いという傾向がみられる。そして正社員、非正社員にかかわらず、勤務先についても、生活全般についても「満足している」人と「満足していない」人の両方が存在しているようである。

　そこで、次に、勤務先満足度と生活満足度との関係をみていきたい。図0-1-1は、縦軸が勤務先満足度、横軸が生活全般の満足度を示している。正社員、非正社員ともに勤務先満足度が高い人は生活の満足度も高く、勤務先に「満足している」人のうち正社員では77.5％、非正社員では64.1％が生活全般についても「満足している」と回答している。一方、勤務先満足度の低い人は満足度の高い人に比べて、生活満足度が低い傾向がみられる。勤務先に「満足していない」とする人のうち、正社員、非正社員ともに

図0-1-1　勤務先満足度と生活全般の満足度との関係

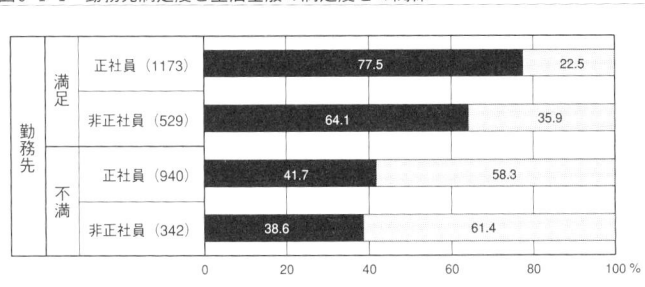

（注）勤労者短観：第10〜13回　統合データ。
　　　勤務先満足度、生活全般の満足度ともに「無回答」を除外して集計。

23

6割程度の人が生活全般についても「満足していない」としている。こうした結果から、生活に対する満足度には勤務先の満足度が何らかの影響を及ぼしており、正社員、非正社員の異なる2つの働き方には、ともに「満足していない」と感じる原因があるようだ。

2）仕事の質

　正社員、非正社員ともに「満足していない」原因があるとすれば、それを解明しなければならないだろう。そこで、正社員と非正社員の働き方の違いとそれぞれの働き方にはどのような問題があるのかについて考えていきたい。図0-1-2は正社員・非正社員別に現在の勤め先の仕事に関する11の項目「①仕事に働きがいを感じている」、「②自分の能力・専門性を十分に生かせている」、「③職業能力やキャリアを高めるための機会や支援がある」、「④一定の責任・裁量を与えられている」、「⑤家計をまかなえる賃金・処遇条件である」、「⑥賃金・処遇が適切で納得性がある」、「⑦精神的に過度なストレスがない」、「⑧職場の人間関係がよい」、「⑨自己啓発に取組む時間的な余裕がある」、「⑩仕事と生活のバランスが適度にとれる」、「⑪失業しても、今の賃金等労働条件と同等の仕事をすぐみつけられる」についてどの程度あてはまるかをみたものである。図にある各項目の数値は、①〜⑪の各設問に対して、「あてはまる」という回答比率に1点、同様に「どちらかといえばあてはまる」に0.5点、「どちらかといえばあてはまらない」に－0.5点、「あてはまらない」に-1点を乗じて指数化している。つまり、ポイントがより外側（プラスの方向）にある項目は、「あてはまる」とする人が「あてはまらない」とする人をより上回っ

はじめに　都会で働くビジネス・パーソンの特徴

ている、反対により内側（マイナスの方向）にポイントがある項目は、その反対となる。

図0-1-2をみると、正社員、非正社員ともに「①仕事への働きがい」はプラスとなっており、ポイントもほぼ同じ（正社員：18.7、非正社員：19.0）で共通性がみられる。正社員と非正社員との間で違いがある項目をみると、「④一定の責任・裁量」は、正社員が37.1、非正社員が-35.1、「⑤家計をまかなえる賃金や処遇」については、正社員24.8、非正社員が-19.3とこれらの項目では、正社員では「あてはまる」、非正社員では「あてはまらない」という傾向がみられる。一方で「⑩仕事と生活のバランスが取れる」、「⑦過度なストレスがない」については、非正社員でプラス、正社員ではマイナスと非正社員では「あてはまる」、正社員ではより「あてはまらない」ということが読み取れる。

図0-1-2　正社員と非正社員―現在の勤務先の仕事について

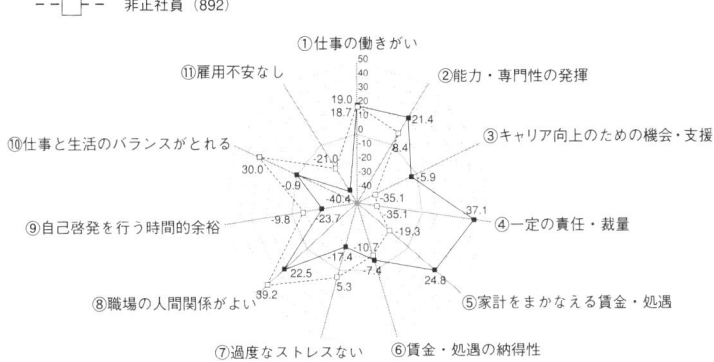

(注)　勤労者短観：第10～13回　統合データ。
　　　数値は各項目の「あてはまり度指数」（100～-100）。

25

さらに、「⑧職場の人間関係がよい」については、正社員、非正社員ともにプラスとなっているが、非正社員では39.2と正社員の22.5に比べ高いポイントとなっており、非正社員の方がより「あてはまる」という傾向がみられ、反対に、「⑪雇用不安なし（失業しても、今の賃金等労働条件と同等の仕事をすぐみつけられる）」については、正社員、非正社員ともにマイナスの値を示しているが、正社員は-40.4と非正社員の-21.0に比べてより「あてはまらない」という結果がみられる。

　このように、「仕事への働きがい」を感じている割合は正社員、非正社員の間で大きく変わらないものの、正社員の仕事は非正社員に比べ、一定の責任・裁量があり、家計をまかなえる賃金や処遇条件が整っているのに対し、非正社員の仕事は正社員に比べて仕事と生活のバランスがとれ、過度なストレスが少ない働き方であり、職場の人間関係もよいことが確認できる。また、正社員の多くが、失業した場合、今と同等の労働条件の仕事をみつけることが困難であると認識していることも明らかとなった。こうした結果から、果たして「正社員」という働き方が理想的であるのか、と疑問が生じてくるだろう。そこで、さらに、「収入」と本書のキーワードの１つでもある「ワーク・ライフ・バランス」の側面から正社員と非正社員の違いをみておこう。

3）収入

　現在の仕事についての認識では、正社員は非正社員に比べ、「家計をまかなえる賃金・処遇である」という結果がみられたが、正社員と非正社員ではその賃金水準にどの程度の差があるのだろうか。そこで、正社員・非正社員別に個人年収の分布をみることに

はじめに　都会で働くビジネス・パーソンの特徴

図0-1-3　正社員と非正社員—個人年収

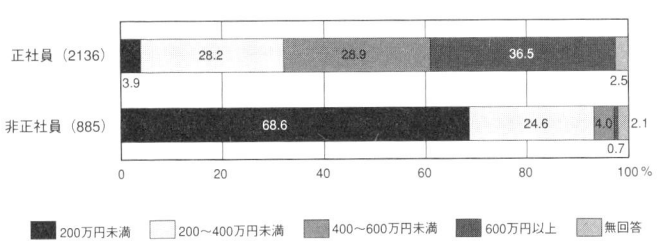

(注)　勤労者短観：第10〜13回　統合データ。
　　「賃金収入はない」を除く。

する。正社員では年収「600万円以上」が36.5%と3分の1以上を占め、「200万円未満」は3.9%に過ぎないのに対し、非正社員の年収は「200万円未満」が3分の2以上を占め、年収400万円以上は5%にも満たない。このように、非正社員の多くは、自分ひとりでは生活を維持していくことが困難な賃金水準で仕事をしていることがわかる。(図0-1-3)

4) ワーク・ライフ・バランス

　また、データからは非正社員の働き方は正社員と比べて仕事と生活のバランスがとれ、精神的に過度なストレスが少ない、ということが読み取れた。そこで、次に、正社員・非正社員別に仕事と仕事以外の時間配分についての考え方をみることにする。非正社員では、49.3%が「現状の時間配分のままでよい」と答えているのに対し、正社員では、「現状の時間配分のままでよい」は30.8%にとどまり、半数以上が「仕事をしている時間を減らしたい」としている。つまり、正社員の半数以上が自分の希望以上の

時間を仕事に費やしており、正社員の仕事は仕事と生活のバランスがとりにくい働き方である、ということが確認できるだろう。(図0-1-4)

このように、正社員という働き方は生活できる賃金は得られるが、時間的な余裕はない。一方で非正社員は正社員に比べて時間が柔軟で、かつストレスも少ないが、生活できる賃金は稼げない。つまり、どちらの働き方が望ましいというのではなく、正社員・非正社員ともにその働き方の中で"不均衡"が生じているようだ。

以上、正社員と非正社員という働き方の違いからそれぞれの仕事の内容や収入、ワーク・ライフ・バランスについてごく簡単にみてきたが、実際には、性別や年齢、仕事の種類、会社の規模などによって、その傾向は異なっている。第1章からはこうした属性の違いなどを考慮してビジネス・パーソンの仕事や暮らしについてさまざまな角度から詳細に分析を行っていく。

図0-1-4 正社員と非正社員―仕事と仕事以外の時間の配分への考え方

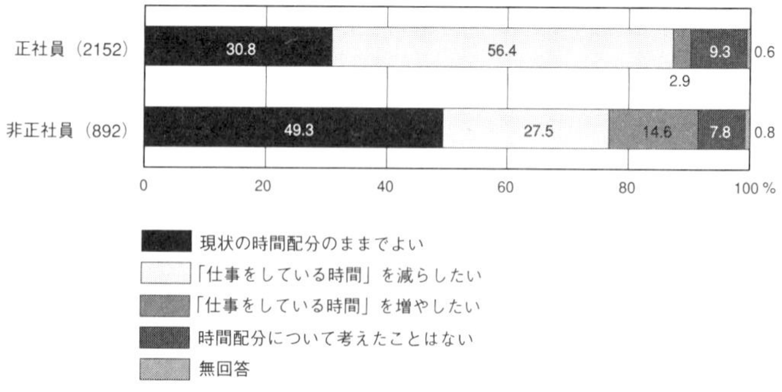

	現状の時間配分のままでよい	「仕事をしている時間」を減らしたい	「仕事をしている時間」を増やしたい	時間配分について考えたことはない	無回答
正社員（2152）	30.8	56.4	2.9	9.3	0.6
非正社員（892）	49.3	27.5	14.6	7.8	0.8

(注) 勤労者短観：第10～13回　統合データ。

COLUMN　若者の就業と生計との関係

　1990年代後半以降、非正規化が急速に進展している。特に、若年層については、企業の新規学卒採用の抑制、非正規労働者へのシフトにより非正規労働者の比率が上昇した。また、勤労者短観の個人年収のデータからも非正社員の賃金が正社員に比べ賃金水準が低く、その多くが「家計をまかなえる賃金」を得ていないことが確認できているが、20代の非正社員の個人年収をみても（第3回〜13回の統合データ）、63.1％が年収200万円未満の層となっている。

　そこで、20代について雇用形態別に生計支持者をみると、20代の男性正社員では、「本人」が53.7％と半数以上が自ら生計をたてているが、パート等の非正社員については、「本人」が27.6％にとどまり、63.0％が「親」によって生計が維持されていることがわかる。一方、女性については、男性とは異なる傾向がみられる。女性の正社員は半数以上が「親」が生計支持者であり、自ら生計を立てているのは25.0％であった。また、非正社員で「本人」とするものは14.2％に過ぎず、57.4％が「親」、22.5％が「配偶者」によって生計が維持されている。

　このように若者たちの働き方と生計との関係をみると、男女で違いはみられるものの、非正社員の働き方では「本人」による生計維持が難しいことがうかがえる。現在の正社員か非正社員かといった働き方の違いが今後の彼ら・彼女らの「生計」にも影響を与えていくのではないだろうか。

図　20代雇用形態別主な生計支持者

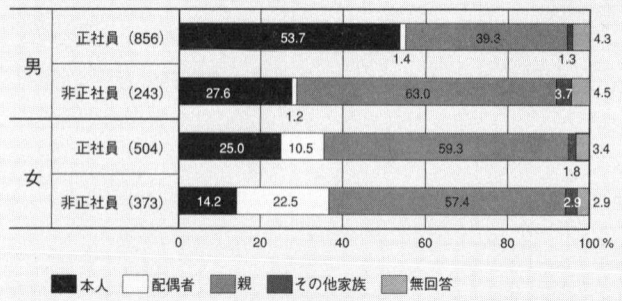

(注) 勤労者短観：第3～9、11～13回　統合データ。

第1章

必要な人にセーフティネットを
―消えない雇用不安―

千葉登志雄

Summary

　「今後1年くらいの間に失業する不安があるか否か」勤労者に尋ねたところ、不安があるとする者の割合は3年以上にわたり、同水準で推移している。この間完全失業率は低下の趨勢にあり、雇用情勢が好転しても、なかなか雇用不安は解消されていない。

　雇用不安を比較的感じているのは、どういうグループなのか？最近1年間の勤労者短観のデータによってみると、女性よりも男性の方が雇用不安を感じる率は高い。しかし、未婚女性などは比較的強く雇用不安を感じている。また、年齢階層別にみると40代における雇用不安は強い。雇用形態別にみると、パートタイマーは正社員並みの水準にとどまっているが、派遣社員の雇用不安は強い。その他、職種別には生産技能職等、業種別には建設業従事者、世帯年収別には300万円未満の者において、雇用不安を感じる率が高い状況にある。

　雇用不安のある者が活力をもつ上で、セーフティネットの存在は欠かせない。これが充実されれば、勤労者個人は継続して仕事に「打ち込む」ことができ、キャリアを長期間分断することなく、職業能力の陶冶を図る道筋が拓ける。

　しかし、雇用不安のある者は、職業能力やキャリアを高めるための機会や支援に恵まれておらず、自己啓発に取り組む時間的な余裕も少ない。これでは能力を磨いて人材としての魅力を高め、失業のおそれに対処していくことは難しい。また、職探し等の基盤となる健康についても、必ずしも良好とはいえない面がある。加えて、職場の人間関係も良いとは言い難く、失業の不安感を軽

減することが困難なのではないかと危惧される。雇用不安のある人に対してこそセーフティネットが必要とされるが、そうした人に対してむしろ充分な整備が行われていないというミスマッチが存在する。

　セーフティネットの整備は、何より個人の職業人生の充実に役立つものであり、こうした観点から、必要な人にセーフティネットが整備されることを目指して、労使がきめ細かな施策に取り組んでいく余地は大きいと思われる。

1 雇用不安の実像

1 雇用情勢が好転しても減らない「不安」〔図1-1-1〕

　雇用不安を感じずに働くことができる意義は大きい。就労は生活の糧であり、継続して働ける状況にあれば、長期的な生活設計を立てることも容易になる。また、働くことで人とつながったり人から認められたりすることを通じて、充足感や達成感を見出すことも多い。勤労者個人やその家族が活き活きと暮らす基盤として、就労を欠かすことはできない。

　不幸にも失業した場合に備えて、別の会社にすぐに異動できるような状況を整備すれば良いというのは、一つの考え方である。ただし、現状では労働市場が異動しやすい形で整備されているとは言い難く、もし失業ということになれば、本人の納得するような次の職に、すぐには就けない場合が多いと思われる。失業が長期化すれば、生計に困難を来たすのみならず、勤労者本人のキャ

図1-1-1 完全失業率と雇用不安

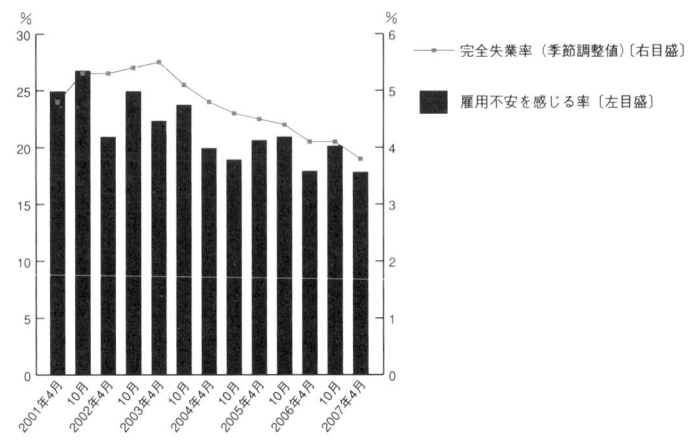

(出所) 連合総研「第1〜13回 勤労者短観」、総務省統計局「労働力調査」。
(注) 第1回調査 (2001年4月) のデータは雇用者以外の者も含まれる可能性があるため、厳密には接続しない。

リア展開に支障が生じてしまう。

　雇用不安は、個人の生活の基盤を危うくするだけにとどまらない。生活水準の切下げを通じた消費の抑制により、マクロの経済に悪影響を及ぼすおそれがある。また、大竹(2001)が指摘するように雇用不安の増大により、犯罪発生率や自殺率の上昇といった社会的な「コスト」もかかることになる。

　景気は2002年以降回復の途上にあるとされており、これに伴って雇用不安が減れば、これらの懸念は杞憂に終わる可能性があるが、実際にはどうであろうか。雇用不安に関連のある数値として完全失業率が挙げられるが、勤労者短観が調査を開始した2001年4月時点での完全失業率(季節調整値)は、4.8％であった。その

後は2003年4月の5.5％をピークに低下傾向を示し、最近では3％台まで下がっている。単純に考えれば、雇用環境が良くなり失業率が下がれば、雇用不安は減るはずである。勤労者短観では、「今後1年くらいの間に失業する不安があるか否か」という問を設けている。上記の設問に対し、「かなり感じる」または「やや感じる」と答えた人の合計を「雇用不安のある人」とすると、その割合（分母には「わからない」と答えた者や、無回答の者も含む）は、実はあまり減っていない。2004年4月調査以降3年以上にわたって概ね2割程度の水準で推移しており、低下傾向にある完全失業率とは異なる動向を示している。

しばらくの間、雇用不安感がそれほど下がっていないことを踏まえると、雇用不安は景気循環的な要因のみならず、景気循環によってあまり左右されない構造的な要因によっても引き起こされる面があるのではないかと考えられる。「構造的な要因」は大変幅の広いものであり、グローバル化の一層の進展に伴う競争の激化や、技術革新など様々な要素を含み得るが、それらの全てを本調査より抽出することは困難である。本章では、（景気が良くなっても）雇用不安を感じやすい属性（グループ）があるのか否か、あるとしたらどのようなグループなのか、という点に照準を合わせることにする。

労働市場は一枚岩のように成り立っているのではなく、例えば「非正規」従業員と「正規」従業員の雇用のあり方が違うことから想像されるように、様々なグループからなるモザイク状を呈していると考えられる。あるグループにおいては、景気の良し悪しに関係なく、雇用不安を覚えやすい状況に置かれており、この事が雇用不安の「下げ止まり」をもたらしている可能性がある。

なお、雇用不安のある率を2割程度と紹介したが、この水準自体が低いのか否かについて、勤労者短観のみで判断することは難しい。ただし、勤労者短観では第9回調査（2005年4月）まで、「勤め先の会社での仕事についての不安や、賃金、昇進、職場環境などについて労働条件が低下するような不安」を感じているか否か訊いており、この調査結果が参考になる。最も新しい第9回調査の結果によると、「かなり感じる」と「やや感じる」の合計は平均で54.0％であり、雇用不安の2割という数字は、これを大きく下回る。労働条件が調整されることはあっても、雇用だけは守られるという意識が、これまで比較的強かったのかもしれない。労働者にとって不利益となるような労働条件の変更であっても、それが合理的であれば、そうした変更を労働者は甘受するが、代わりに使用者は容易に労働者を解雇することはできないという考え方・システムがこれまでのところ根付いており、これが相対的に低い雇用不安の数字に反映されている、と解することができるかもしれない。

2 雇用不安を強く感じているグループ〔図1-1-2〕

　雇用情勢が好転していても、雇用不安を比較的強く感じているのはどういうグループか。最近1年間に行われた2回分の勤労者短観（第12回および第13回）を合わせたデータを用いて、この点を明らかにする。

　このデータによると、雇用不安を感じている人の割合の平均は18.9％である。以下、平均を上回る値を示しているグループを中心に紹介しよう。

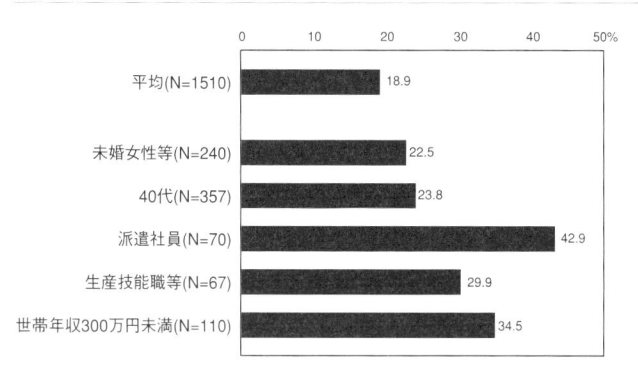

第1章　必要な人にセーフティネットを

図1-1-2　雇用不安の強いグループ

グループ	雇用不安を感じる率(%)
平均(N=1510)	18.9
未婚女性等(N=240)	22.5
40代(N=357)	23.8
派遣社員(N=70)	42.9
生産技能職等(N=67)	29.9
世帯年収300万円未満(N=110)	34.5

(出所)連合総研「第12・13回　勤労者短観」。
(注)図中の数値は雇用不安を感じる率。

1）未婚女性の「危機」

　まず性別にみると、男性は19.6％が雇用不安を感じているのに対し、女性は17.8％とわずかに男性を下回る。用いたデータの調査時期における完全失業率について男女別にみると、男性の方が上回っており、雇用不安において男性の方が高いことと整合的であるようにみえる。

　もっとも、雇用不安は、働き手が世帯を支えているか否かなどによって、強くなったり弱くなったりすると考えられる。雇用不安は、現に失業する可能性の強弱のみならず、そうした兆候を鋭敏に感じ取りやすい状況にあるのか否かによっても左右される。後者を分ける一要素となるのが「世帯を支えているのか否か」であり、世帯を支える働き手であれば、いざ失業したときのダメージは非常に大きく、雇用が不安定であるサインを深刻に受け止めることになる。女性の場合、生活の基盤は配偶者（夫）の収入で

あったり、自分自身であったり男性以上に幅が広いと考えられる。平均値では女性の雇用不安は低いが、女性をさらに属性別に分けてみると、雇用不安の強弱は異なるかもしれない。

まず既婚女性の雇用不安の率をみると、14.6％と平均を下回る。自分自身が失業したとしても、配偶者（夫）が働いていれば何らかの生活の糧を得られることが、比較的弱い雇用不安につながっていると思われる。これに対し、未婚女性や離別・死別した女性（以後、「未婚女性等」ということにする）は22.5％が雇用不安を感じており、比較的高い値を示している。自分のため、あるいは子どものため、自ら生計費を得なければならない女性については、とりわけ雇用環境が不安定であるか、雇用不安を覚えやすい状況にあることがうかがえる。

なお、配偶者の有無が雇用不安の強弱に与える影響については、男女間で差がみられる。女性の場合配偶者（夫）がいることは、総じて自身の雇用不安を弱める役割を果たすと考えられる。これに比べ、男性の場合は配偶者（妻）がいても、自分が失業するのではないかという不安を鎮めることにはならない（配偶者のいる男性が雇用不安を覚える率は19.3％で、ほぼ男性の平均並みである）。実態として、男性の方が家計の主な担い手となっている場合が多いことを考えれば、得心のいくような結果ではある。妻が働いていれば男性の雇用不安は弱いのかというと、特に妻が正社員で働いている場合には27.5％と高い値を示す。むしろ夫の雇用が不安定な状況に置かれているからこそ、妻がフルタイムで働いて世帯収入をカバーする面があるのではないかとも考えられる。

2）悩み多い40代

　年齢階層別に雇用不安を覚える割合をみると、最も高いのが40代で23.8％に及ぶ。30代がこれに次ぎ19.0％、50代は17.9％、20代は15.2％となっている。

　年齢階層別に完全失業率の値をみると、20代は高く、40代は低い。これと逆の結果が意識の上で現れているようにみえるが、この調査は現に雇われている人を対象としている。いったん雇用された後に雇用調整が生じるようなことがあれば、調整の対象となりやすいのはむしろ、賃金の高い中高年の方である。また、40代は家族責任が重い時期に当たる場合が多く、住宅や教育等の費用が嵩む。失業した場合、自分はもとより、家族に与えるショックは極めて深刻となることが、雇用不安を覚えやすくしている面がある。加えて、40代は成果を挙げるプレッシャーに強くさらされている。第13回調査（2007年4月）により、正社員間での成果・業績による賃金・処遇の差が5年前と比べて拡大したと答えた割合をみると、40代で高い値を示している（正社員のみの集計で平均が35.2％であるのに対し、40代は48.2％にのぼる）。成果や業績を重視して処遇するといってもその基準が曖昧であるなら、どこまで仕事を仕上げれば会社からの信頼を得られるのか、よくわからなくなる。これは雇用不安を感じやすくする要因となり得るかもしれない。

　これまで40代で雇用不安が強いことを記してきたが、ではそれより若い世代は雇用不安について問題がないのかというと、そうではない。親が生活費を捻出することもある上に一般に家族責任の上で「身軽な」20代は、もともと雇用不安を感じにくい環境にある。しかし、第13回の調査結果からうかがえるように、20代の

働き方については、長時間労働を背景として疲労が多く蓄積されているなど様々な問題がみられる（COLUMN「疲れているのは誰？」を参照）。これが健康を害することにつながれば、労働条件が劣化するのみならず、雇用そのものが不安定になりかねない。また、若年層は「非正規」労働に従事する率が高いが、現状では「非正規」の教育訓練などは極めて不十分であり、将来的に円滑なキャリア形成を図ることが困難になるかもしれない。特に若年層については、現在雇用不安を感じるか否かのみならず、将来雇用不安が強まる要素があるか否かについても斟酌する必要性が高いといえる。

3）派遣社員の雇用不安

次に、雇用形態別に雇用不安の強弱をみる。一般に、正社員は雇用が安定しており、非正社員は不安定であるといわれる。勤労者の意識の上でもこの事は裏付けられる。正社員（役員を除く。以下同じ）のうち雇用不安を感じている割合は16.6％であり、全体の平均値である18.9％を下回っている。

これに比べるとアルバイトは26.5％と高いが、パートタイマーは正社員並みの数値である（16.7％）。アルバイトとパートタイマーの違いについては、勤務先で両者をあまり区別していない場合があり、必ずしも明確ではない。回答者の多くは、勤務先で自分がどう呼ばれているかを念頭に置きつつ雇用形態を回答したと思われるが、アルバイトには男性が比較的多く、パートタイマーのほとんどは女性である。パートタイマーで働く女性には、正社員を希望しながらやむを得ずパートタイマーとして就労している者もいるが、家計を補助するために働いている者もおり、後者の

場合には雇用不安を感じにくいのかもしれない。

　驚くべきことに、派遣社員で雇用不安を感じている者は42.9%に及ぶ。派遣社員のいう「雇用不安」は、他の雇用形態の者とは意味合いが異なる可能性はあるが、派遣という形態は雇用関係と指揮命令関係の相手が分かれており、労働条件など不安定になりやすい要素がある上に、雇用不安のある率が42.9%という、他のグループにはみられないような高い値を示している。今後とも、派遣社員が安心して働ける環境を整備していく取組みを欠かすことはできない。

　なお、男女に分けた上で雇用形態別にみると、女性の正社員の雇用不安が低い（12.6%）ことが目を引く。一方、女性の派遣社員の雇用不安は極めて高く（43.9%）、女性は男性以上に、雇用形態によって雇用不安の強弱が異なる面がある。ただし、この結果のみをみて、正社員として雇われる女性は雇用不安の生じにくい恵まれた職場で働いている、などと判断することは早計であろう。前述した第9回の調査結果をみると、勤務先における仕事や労働条件の低下の不安を感じるかという設問に対し、女性の正社員の56.6%が「かなり感じる」または「やや感じる」と答えている（女性の平均は45.7%）。女性の正社員は雇用が比較的安定していても、仕事の内容や、賃金・昇進などの条件の低下に不安を覚えている（逆にいえばこれらを甘受して雇用の安定が得られる面がある）ことには留意する必要があると思われる。

4）不安定な建設作業職

　勤務先の職種別に雇用不安の強弱をみると、サービス職の数値が若干低い（15.6%）。管理職、専門・技術職、事務職、営業・

販売職といった「ホワイトカラー」職種の数値は、ほとんど平均値（18.9％）と変わらない。一方、生産技能・建設作業・労務職は29.9％と、雇用不安を覚える率が高い状況にある。

次に、業種別に雇用不安の強弱をみると、製造業はほとんど平均に近い値を示しているが、建設業は33.3％と高い値を示す。なお、産業別に雇用者数の推移をみると、減少傾向が続いていた製造業は2006年に入ってから持ち直しているが、建設業は相変わらず減少が続いている（総務省統計局「労働力調査」による）。建設業においては、公共工事の削減傾向が続くなど、景気全体の動向に関連なく雇用を減少させる要因が存在する。構造的に業績を伸ばしにくい中で経営の先行きに対する不安が、自分が失業するのではないかという懸念を募らせている実態が、建設作業職において垣間みえる。

5）低い世帯年収ほど感じる雇用不安

最後に、個人の賃金年収と世帯年収の高低によって、雇用不安の状況がどのように変わるのかみてみよう。収入が低いと、失業した場合に直ぐ生活に困窮することになるかもしれず、雇用不安を覚えやすいのではないかと想定することができる。

最初に、個人の賃金年収の高低が、雇用不安の強弱と関連があるのか否かみてみよう（図1-1-3）。結論を先取りすると、雇用不安は、個人の賃金年収100万円・600万円を境に異なる様相をみせる。まず、100万円に満たない者が失業への不安感を感じている割合は16.8％で、平均の18.9％をむしろ下回ることがわかる。なぜ低い収入にも関わらず雇用不安を比較的強くは感じていないのかというと、その鍵は、主に家計を支えているのが誰かという

第1章 必要な人にセーフティネットを

図1-1-3 個人の賃金年収と雇用不安

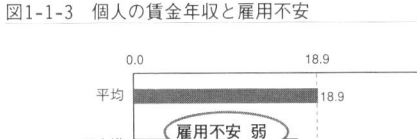

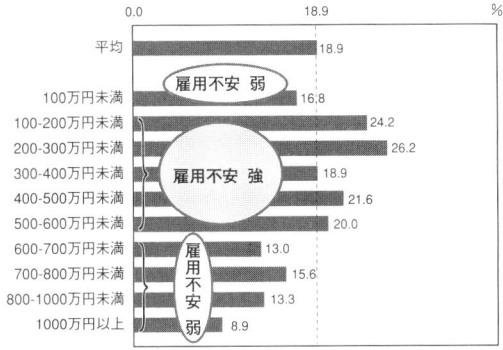

	%
平均	18.9
100万円未満	16.8
100-200万円未満	24.2
200-300万円未満	26.2
300-400万円未満	18.9
400-500万円未満	21.6
500-600万円未満	20.0
600-700万円未満	13.0
700-800万円未満	15.6
800-1000万円未満	13.3
1000万円以上	8.9

(出所) 連合総研「第12・13回 勤労者短観」。
(注) 図中の数値は雇用不安を感じる率。

ことにある。主に家計を支える者が配偶者（夫・妻）である割合は、平均では22.3％である。これに対して、個人の賃金年収が100万円未満の者については80.0％にのぼっている。自分が失業しても配偶者の収入をあてにできるのであれば、雇用不安は多少低くなる（自分自身が主に家計を支えている者が雇用不安を感じる率は平均19.4％であるのに対し、配偶者が支えている者にあっては16.1％である）。

これに対し、100万円以上600万円未満までの区分では、いずれも平均以上に雇用不安を覚えている。この区分では自分が家計の主な稼ぎ手になることも多く、収入の少なさが雇用不安を誘発している可能性がある（または、雇用不安を強く覚えるような職場では、一般に年収が低めであるとも解される）。さらに図1-1-3をみると、600万円という水準を屈曲点として、それ以上になると雇用不安は弱くなっている。失業してもある程度の備えができ

43

るからか、もともと失業とあまり縁がないような職場であるからなのかはわからないが、雇用不安はそれほど高くはない。

雇用不安に関し個人の賃金年収を切り口としてみる場合、100～600万円程度の階層が特に注視されるべきといえる。

次に、世帯年収の高低によって雇用不安がどのように変わるのかみてみよう（図1-1-4）。個人の賃金年収の場合には、配偶者の収入を家計のあてにできるか否かが雇用不安の強弱に影響していると考えられるが、世帯年収の場合にはそうした要素がなく、世帯年収が低いほど雇用不安は強いという関係が直裁にみられる。雇用不安を覚える率は、世帯年収が600万円以上のグループにおいて平均（18.9％）を下回っているのに比べ、300-500万円未満では24.7％、300万円未満では34.5％に及ぶ。世帯年収が300万円未満のグループの雇用不安は深刻であり、特にこうしたグルー

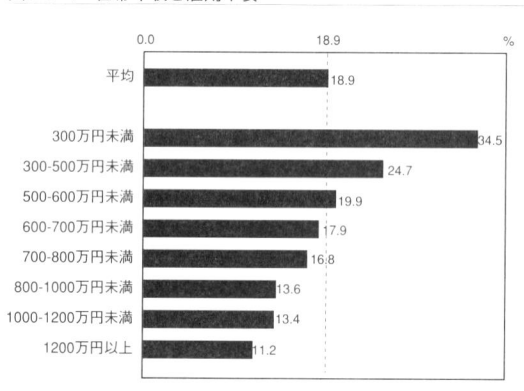

図1-1-4 世帯年収と雇用不安

世帯年収	雇用不安を感じる率(%)
平均	18.9
300万円未満	34.5
300-500万円未満	24.7
500-600万円未満	19.9
600-700万円未満	17.9
700-800万円未満	16.8
800-1000万円未満	13.6
1000-1200万円未満	13.4
1200万円以上	11.2

（出所）連合総研「第12・13回 勤労者短観」。
（注）図中の数値は雇用不安を感じる率。

プにおいて失業に対する備えが十分であるか否かは大きな意味をもつことになる。

2 雇用不安のセーフティネット

1 セーフティネットの類型区分

　自分が失業するのではないかという不安感を軽減・払拭し、活き活きと働けるようにするためには、雇用不安に対するセーフティネットの存在が極めて重要となる。雇用不安のある人においては本来、セーフティネットが充実していることが望ましいはずだが、実態はどうなっているのであろうか。

　勤労者短観では、雇用不安のセーフティネットに関連する問として、以下の①〜⑤を設けている。以下「雇用不安のある人」を軸に、彼ら（彼女ら）において①〜⑤の対処が十分にできているか否かを、第12・13回調査を合わせたデータから探ることにする。

　①勤め先に職業能力やキャリアを高めるための機会や支援があるか？
　②自己啓発に取り組む時間的な余裕があるか？
　③職場の人間関係が良いか？
　④失業しても、今の賃金等の労働条件と同等の仕事をすぐ見つけられるか？
　⑤健康であるか？
(「労働者の権利」の理解や労働組合の効果については、第6章で

図1-2-1　雇用不安に関するセーフティネットの分類例

```
              共助型
                ↑
  ┌─────────┐   │  ┌─────────┐
  │         │   │  │  ①・③   │
  │         │   │  └─────────┘
外部型 ←────┼──────────────→ 内部型
              │
        ┌────┼──────────┐
        │ ④ │ ②・⑤    │
        └────┴──────────┘
                │
                ↓
              自助型
```

①勤め先に職業能力やキャリアを高める機会や支援があるか？
②自己啓発に取り組む時間的な余裕があるか？
③職場の人間関係が良いか？
④失業しても、今の賃金等の労働条件と同等の仕事をすぐ見つけられるか？
⑤健康であるか？

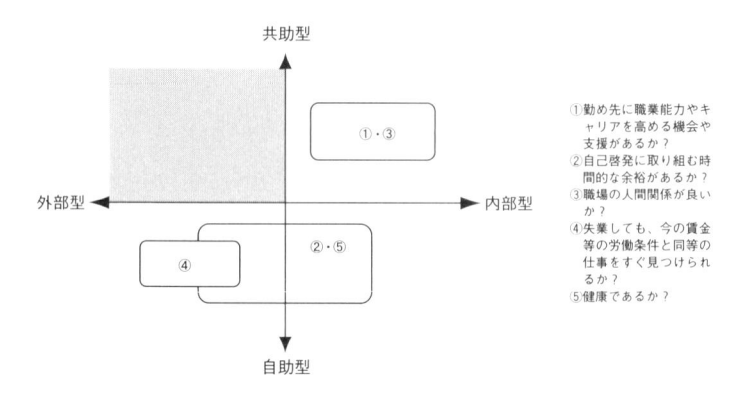

取り上げられる）

　上記①〜⑤は、一見すると恣意的な選択にみえるかもしれない。一口にセーフティネットといっても、その種類は多岐にわたる。これを分類することは難しいが、例えば、セーフティネットを講じる主体が誰なのかによって分けることがまずは考えられる。政府が実施するものの例としては、失業中に安心して次の仕事を探せるようにするための失業手当を挙げることができる。他に、職場が講じるもの（職場で形成されるもの）と、自分自身が努力して雇用不安に備えるものとがある。これらを順に、「公助型」「共助型」「自助型」と仮に呼ぶことにする。次に、今いる会社で何とか失業せずに働き続けることに役立つものと、転職しようとする場合に効力を発揮するものとに分けることもできよう。仮に、前者を「内部型」、後者を「外部型」と呼ぶことにする。

　勤労者短観で主体について把握できるのは、主に「共助型」と「自助型」に関する事項である。この2つと、「内部型」「外部型」

とを組み合わせると、「共助・内部型」「自助・内部型」「自助・外部型」に分けられる（「共助・外部型」も分類上はあり得るが、転職しようとする個人を会社が支援するインセンティブは一般には働きにくいと思われることもあり、類型として想定しないことにする）。

　以上の組み合わせた類型のうち、上記①～⑤はどれに該当するのか便宜的に図示すると、概ね図1-2-1のとおりになると考えられる。①～⑤で雇用不安のセーフティネットを全て尽くしている訳ではないが、＜共助・自助＞＜内部・外部＞を組み合わせた3つの領域はカバーしている。①～⑤を用いることにより、雇用不安に関するセーフティネットの現状について、ある程度広い範囲を見通すことは可能と思われる。

2 セーフティネットに関するミスマッチの諸相〔図1-2-2〕

1）職業能力・キャリアを高める機会や支援

　今いる会社で職を失うおそれがある場合、それが倒産の危機に瀕していることに由来するなら、職業能力やキャリアを高める機会や支援を会社が提供することは、通常考えにくい。しかし、会社が倒産しなくても、会社にとって自分はあまり必要とされない人材ではないかと感じ、漠とした不安を覚えるケースもあるだろう。後者の場合、求められる人材に適合するスキルを磨いたりノウハウを蓄積したりすることを通じて、会社にとって欠かせない人材となることができれば、失業に対する不安感は解消の方向に向かう。会社にとっても、職業能力の向上や円滑なキャリア形成の実現は、業績を向上させる上で（長期的にみて）プラスになる

はずである。失業するのではないかと感じているような人に対し、会社が能力アップの機会を設定して「復活」の機会を拡げたり、職種転換を行うなどしてこれまでとは異なる企業内キャリア形成の途を拓いたりすることは、現実にあるのだろうか。

「① 勤め先に職業能力やキャリアを高めるための機会や支援があるか？」について、「当てはまる」または「どちらかというと当てはまる」と答えた者は、平均で42.8％を占める。これに対して、雇用不安を「やや感じる」者は33.0％、「かなり感じる者」に

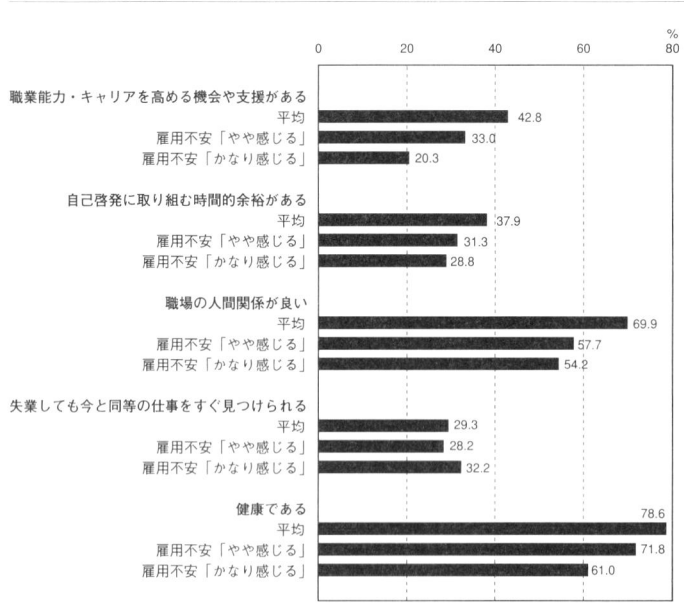

図1-2-2 雇用不安のある者に乏しいセーフティネット

職業能力・キャリアを高める機会や支援がある
- 平均: 42.8
- 雇用不安「やや感じる」: 33.0
- 雇用不安「かなり感じる」: 20.3

自己啓発に取り組む時間的余裕がある
- 平均: 37.9
- 雇用不安「やや感じる」: 31.3
- 雇用不安「かなり感じる」: 28.8

職場の人間関係が良い
- 平均: 69.9
- 雇用不安「やや感じる」: 57.7
- 雇用不安「かなり感じる」: 54.2

失業しても今と同等の仕事をすぐ見つけられる
- 平均: 29.3
- 雇用不安「やや感じる」: 28.2
- 雇用不安「かなり感じる」: 32.2

健康である
- 平均: 78.6
- 雇用不安「やや感じる」: 71.8
- 雇用不安「かなり感じる」: 61.0

(出所) 連合総研「第12・13回 勤労者短観」。
(注) 全体（N=1510）、雇用不安「やや感じる」（N=227）、雇用不安「かなり感じる」（N=59）。

至っては20.3％に過ぎない。雇用不安のある人には、業績が傾き、個々人の能力開発やキャリアの向上に配慮するゆとりに乏しい職場に勤める人が、多く含まれているのかもしれない。また、倒産とは縁がなくても、雇用不安を感じる人に対して能力開発やキャリアの面で斟酌するような企業の取組みは、現状では進展していないと思われる。結論付けるにはさらに検証が必要だが、雇用不安のある人に対する共助の乏しさは、両者が複合した結果である可能性がある。

2）自己啓発に取り組む時間的な余裕

　会社に対し、雇用不安を覚える者をも対象に教育訓練を行ったり、キャリアに配慮したりすることを求めても、なかなか進展しない面がある。とすれば、勤労者自らが職業能力のアップに取り組む重要性が高まる。それができれば、今いる会社での人材価値が向上し雇用が継続される可能性が拡がったり、辞めざるを得ないにしても、円滑な再就職への道が拓けたりする。しかし、自ら職業能力を高めることは、簡単に貫徹できるものではないだろう。そもそも勤労者すべてが自律的に行動できるか否かという問題があるが、これを措いても、お金がない、必要な情報が得られないなど、様々な隘路が発生する。中でも多くの勤労者にとっての障壁としてしばしば指摘されるのが、自己啓発のための時間がない、という問題である。

　「②　自己啓発に取り組む時間的な余裕があるか？」で「当てはまる」または「どちらかというと当てはまる」と答えた者の割合は、平均で37.9％である。しかし、雇用不安を「やや感じる」者は31.3％、「かなり感じる」者は28.8％であり、平均を下回る。

雇用不安を覚える人の中には、あまり忙しいとはいえない職務に配属され時間的な余裕がある人もいる可能性はあるが、現実には雇用不安を感じるような職場では、既に人員を絞っているため、仕事の負荷が高まり自己啓発を行えるだけの時間的余裕をもてないケースが多いのかもしれない。

　①・②の結果をみる限り、雇用不安があり職業能力を向上させる必要性が高い人に対して、むしろ支援が行き届いていない。これでは、自己の職業能力を高め、自分が納得できるキャリアを形成していくことは難しくなる。

3）職場の人間関係

　職場で良好な人間関係を築くことができていれば、そうでない場合に比べ、職を失う危険に伴う不安は軽減されるかもしれない。加えていえば、転職せざるを得ない状況に陥っても、周りの同僚の理解や協力を得て、新たな職場を見つけるための準備を行うことを容易にする面がある。

　「③　職場の人間関係が良いか？」について「当てはまる」または「どちらかというと当てはまる」と答えた者の割合は、雇用不安を「やや感じる」者が57.7％、「かなり感じる」者が54.2％と過半を占め、それほど問題がないようにみえる。しかし、平均では69.9％にのぼっており、比較してみると雇用不安を覚えている人の職場については、人間関係が良いとはいえない。

　個々の勤労者が職場で人間関係をうまく築けず、その結果失業の矢面に立たされることもあるだろうが、職場全体の業績が傾けば、人間関係が悪くなりやすい面もあると思われる。的確に対応することは簡単ではないが、難局を迎えた時こそ、マネジャーな

第1章　必要な人にセーフティネットを

どが職場の人間関係に配慮する必要性は高いと考えられる。

4）失業した場合に今と同等の職場を見つけられる可能性

　不幸にも今の会社に残れなかったり倒産したりして、次の職場を自ら探さざるを得ない場合、すぐに見つけられるか否かは大きな問題となる。長期にわたる求職活動は、金銭的にも心理的にも様々な負担を強いる。また、次の職場が見つかるにしても前職の労働条件を大きく切り下げるようなことになれば、生活そのものの見直しを図らなければならなくなる。賃金等の労働条件が今と同等の仕事をすぐに見つけられる状況にあれば、失業のダメージは小さくなり、雇用不安を和らげることができよう。

　「④　失業しても、今の賃金等の労働条件と同等の仕事をすぐ見つけられるか？」について「当てはまる」または「どちらかというと当てはまる」と答えた者の割合は、平均で29.3％である。これに対して、雇用不安を「やや感じる」者は28.2％、「かなり感じる」者は32.2％であり、特に雇用不安があるからといって厳しい状況に置かれている訳ではないようにみえる。

　ただし、前述したように失業の不安を抱えている人は、100万円以上600万円未満といった個人の賃金年収が低～中位のグループに多くみられることには留意を要する。一般に、希望賃金は低い方が仕事を見つけやすくなる。雇用不安のある人については賃金の低い人が多いため、それと同等の仕事も比較的見つけやすいはずであるが、雇用不安感はほぼ平均並みの値を示している。このことは、雇用不安のある人はそうでない人に比べて、次の職場を見つけにくい面があることを示唆している。

5）健康状態

　失業のおそれがある場合、今いる職場で何とか働き続けようと思うにしても、転職を図るにしても、その基盤となるのが自身の健康である。健康を害しては、職探しなどあらゆる活動に支障を来たす。

　「⑤　健康であるか？」に対して、「健康である」または「どちらかというと健康である」と答えた人の割合は、雇用不安を「やや感じる」人は71.8％、「かなり感じる」人は61.0％であり、高い値であるようにみえる。しかし、平均の78.6％に比べると低く、特に雇用不安を「かなり感じる」グループでは平均と17.6％ポイントもの開きがある。逆に、「どちらかというと健康でない」または「健康でない」と答えた人の割合は、雇用不安を「やや感じる」人は26.0％、「かなり感じる」人は37.3％に及び、平均の19.1％を上回る。

　雇用不安のある人には、健康状態が良好とはいえない人が比較的多くみられる。失業の不安が健康を蝕み、そのことが不安をさらに強めているといった悪循環が働いているおそれがある。勤労者の健康確保は、本人はもとより会社にとっても極めて重要な課題であるが、失業のおそれがあるような人に対しては特段の注意が必要とされるところであり、会社のみならず公助の領域を含めて的確に対処していかなければならない課題といえる。

3 若干のまとめ　―必要な人に必要な支援を―

　これまでの検証から、未婚女性等や40代、派遣社員、世帯年収が300万円未満である者などについては、雇用不安を比較的強く感じていることがわかった。労働市場において不利な扱いを受け

ることの多いグループのみならず、40代のように会社の中軸となる働きが期待されるようなグループにおいても、雇用不安によって活力が減退している可能性がある。

そこで、雇用不安を感じている人において、セーフティネットが充分に備わっているか、限られた事項ではあるが調べてみた。その結果、雇用不安を感じている人においては、

・勤め先で職業能力やキャリアを高めるための機会や支援に乏しい
・自己啓発に取り組む時間的な余裕が乏しい
・職場の人間関係があまり良好とはいえない
・健康の状態が比較的良くない

などの特徴がみられ、本来充分な「備え」が必要であるのに、セーフティネットが脆弱であることが示唆された。

①〜⑤のセーフティネットの整備に関して属性別にみると、雇用不安を感じることの多い40代は、いずれも「当てはまる」または「どちらかというと当てはまる」と回答した割合が、平均を下回る。また、生産技能・建設作業・労務職については、特に職業能力やキャリアを高める支援が乏しい。さらに、世帯年収300万円未満の者も平均を下回る項目が多いが、特に職業能力やキャリアを高める支援や健康状態については脆弱な状況にあるおそれがある。

40代など特に雇用不安があるグループに着目してセーフティネットの実態をみると、必要なグループに、必要な支援が十分には行われていない実態が浮かび上がる。あらゆる勤労者が活き活

きと働けるようにするため、労使が雇用不安のセーフティネットに関してきめ細かい施策に取り組んでいく余地は、未だ大きいということができる。

　失業がなくならない以上、雇用不安が消え去ることはない。とはいえ、失業するのではないかという不安を軽減することは可能である。そのために大きな役割を果たすのがセーフティネットの充実であり、こうした「備え」があれば、個々の勤労者において安心感が芽生え、仕事の活力が高まろう。
　勤労者一人ひとりが活力をもって働ける環境を整備することにより、継続して仕事に「打ち込む」ことができ、キャリアを長期間分断することなく、職業能力の陶冶を図る道筋が拓ける。雇用不安に関わるセーフティネットの整備は、職業人生の充実にとって大きな鍵であるといえる。

〔**参考**〕**転職とセーフティネット**

　これまで雇用不安についてみてきたが、これに関連する事項として転職について簡単にふれる。雇用不安と同様、転職の意向をもちやすいグループがある。第12・13回の勤労者短観を合わせたデータを用いて、今の勤め先の会社を変わりたいと思っている（転職意向がある）人の割合をみると、33.0％となっている。属性別にみると、未婚女性等（44.6％）、20代（47.1％）、アルバイト（51.8％）、派遣社員（51.4％）、運輸業（45.1％）世帯年収300万円未満（53.6％）などにおいて、転職意向が強い。
　属性別の特徴について、細かくみてみよう。性別にみると男性（33.5％）の方が女性（32.1％）よりも転職意向が強いが、女性

の中でも未婚女性等に限れば、男性を上回る値（44.6％）を示す。雇用不安が強い40代においては、家族責任が重いこと等が影響しているのか転職には慎重であり、平均以下（28.3％）となっている。「非正規」の雇用形態の者については、主に家計を支える者が配偶者であるケースが多いパートタイマーでは24.2％と極めて低く、それ以外の「非正規」の雇用者が高い値を示しているのと対照的である。また、業種別にみると運輸業従事者において転職意向が強いことが目を引くが、運輸業では週60時間以上に及ぶ長時間労働を行う者の割合が高く、これが転職の引き金になっていると考えられる。さらに、世帯年収別にみると、雇用不安と同様に300万円未満のグループで転職したいとする人の割合が高い。

　それでは、転職意向がある人のセーフティネットはどのような状況にあるのか。職業能力やキャリアを高めるための機会や支援（「当てはまる」＋「どちらかというと当てはまる」の平均が42.8％に対し、転職意向のある人は30.7％）や、自己啓発に取り組む時間的な余裕（平均37.9％に対し30.9％）については、脆弱と言わざるを得ない。また、職場の人間関係が良ければ転職の準備を円滑に行えるなどのメリットがあると思われるが、平均で69.9％が「良い」としているのに対し、転職意向のある人は56.6％にとどまる。職場の人間関係に支障をきたしているので転職したい、という実態なのかもしれない。健康状態については75.9％が健康と答えているが、平均の78.6％をわずかながら下回る。唯一、失業しても今の労働条件と同等の仕事がすぐに見つかるかについては、転職意向のある人は42.2％であり、平均の29.3％を上回る。転職意向のある人においては、比較的年収の低い人が多く、年収が低ければ次の仕事を見つけやすいことが、こ

の結果に影響していると思われる。
　雇用不安と同様に、転職したい人に本来必要なセーフティネットが充分備わっていないという問題がある。もっとも、転職の意思をもつ人に対して、会社の支援を期待することは難しい面もある。公助の発動を含め、セーフティネットのミスマッチを埋める努力が、これまで以上に必要になるものと思われる。

第1章 必要な人にセーフティネットを

メッセージ　40代サラリーマンの自己啓発

　勤労者短観のデータから、働く人の声や呟きに耳を傾けると、40代の悩める状況が透けてみえる。40代では、前述したとおり雇用不安が強く、成果や業績を上げるプレッシャーを感じているが、悩ましい状況はそれだけではない。第12・13回の勤労者短観を合わせたデータでみてみよう。「勤務先に対する満足度」「生活全般に対する満足度」について、20代から50代まで男女別にみると、満足である割合（「かなり満足」＋「やや満足」）はいずれも男性・40代で最も低く、ともに51.2％である（逆に最も高いのはいずれも女性・50代で、順に62.3％、63.1％）。

図　勤務先・生活全般の満足度（性・年齢階層別）

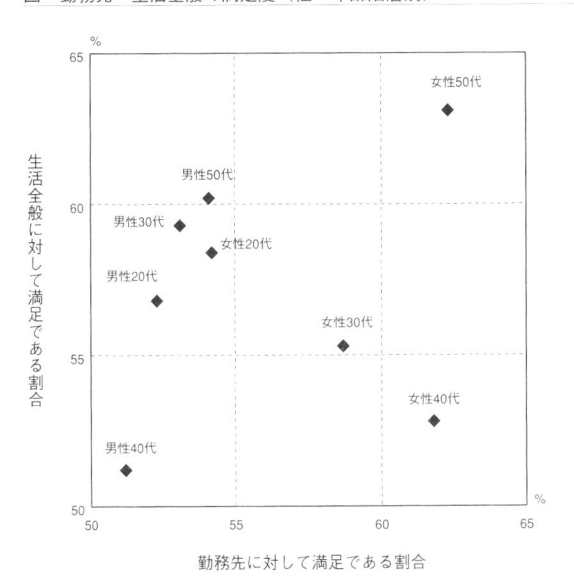

（出所）連合総研「第12・13回勤労者短観」。

仕事で重い責任を担うこともある上に、子育て・介護や住宅ローンの返済など、様々な負荷がかかる世代である。他方、雇用不安のおそれは強い。疲れを覚えたり追い詰められたりして、仕事や生活に充分な満足を得られないことも多いだろう。

　40代の悩みを解決する処方箋を提示することは、筆者の力量を大きく超える。ここでは、第12回の勤労者短観の調査結果から、40代に関わる気になるデータを一つ紹介しよう。この1年間自己啓発を行ったかという設問に対し、「今のところ自己啓発の必要はない」と答えた者の割合は、男性で30代が14.6％であるのに対し、40代は25.5％にのぼる（女性も30代が23.9％であるのに対し、40代は31.0％と高い値を示す）。

　40代も30代と同様、仕事で脂の乗る時期であり、重要な仕事に携わる機会もあるだろう。そうした際に、個々の勤労者の職業能力が鍵を握ることになる。個人の知恵が重視されるような状況下では尚更であろう。また、社会経済環境が激変する中では、職業生涯を通じて学び続けることが、求められる能力の変化に対応するための要諦となる。自己啓発は、個人の職を守るためのセーフティネットであり、円滑なキャリア形成を容易にする。また、職場や生活に対する満足感の向上にもつながり得る。

　もちろん、自己啓発のみで働きがいや生活の満足感が大いに高まる訳ではないが、40代サラリーマンなどを中心に、本当に自らが学ぶべきことはないのか、今一度自問自答してみる価値はあると思われる。

　ただし、そこで自己啓発する価値を見出したとしても、その実行をためらわせる要因に事欠かないことも確かである。仕事をこなしたり家族責任を果たしたりするのに忙しく時間がない、同僚

や部下に迷惑をかけられない、(仕事に役立つとはいえ) 業務ではなく「勉強」をしていれば評価に悪影響を及ぼす、など考えれば、逡巡するのも無理はない。こうした隘路を取り除くために、働き方を「改革」したり、今一歩踏み出す勇気を持てない勤労者を応援したりするなど、会社や労働組合がなし得ることは多いのではないかと考えられる。自助を貫徹するためには、共助による支えが不可欠であろう。

<参考文献>
野村正実『雇用不安』岩波書店、1998。
大竹文雄『雇用問題を考える―格差拡大と日本的雇用制度―』大阪大学出版会、2001。
玄田有史『仕事のなかの曖昧な不安―揺れる若年の現在』中央公論新社、2001。
松田茂樹「雇用不安への対処方法―共働化と人的なサポート資源の活用―」『Life Design Report (2004年11月号)』第一生命経済研究所、2004。

COLUMN 疲れているのは誰？

　疲労の蓄積は健康に悪影響を及ぼし、活力をもって働くことを阻害する。グローバル化の一層の進展等を背景に、一部の勤労者については労働時間が長くなる傾向が強まるなど、勤労者の疲労に関して懸念される状況がみられる。どのような働き方をし、どのような属性にある勤労者において、疲労が多く蓄積されているのであろうか。

　第13回勤労者短観（2007年4月）では、最近1か月間の疲労に関する自覚症状について、「イライラする」「以前とくらべて、疲れやすい」など13の項目について、「よくある」「時々ある」「ほとんどない」のいずれに該当するかをたずねた。そして、これらを総合化する指標として、それぞれの項目について「よくある」を3点、「時々ある」を1点、「ほとんどない」を0点とし、その回答の点数を足し合わせた（合計点の平均は、10.63点）。その上で、どのような勤労者において疲労が多く蓄積されているのか明らかにするため、属性や働き方に応じて勤労者を幾つかのグループに分けた上で、それぞれのグループ間で疲労蓄積の合計点に差がみられるか否かを検証した。

　まず、年齢階層別にみると20代（12.01点）において疲労の蓄積感が高い（図1）。就職氷河期が長期にわたったこと等を背景に、企業内の人員構成上20代の割合が低くなり、数少ない20代の社員に一定の種類の仕事が集中していることや、現在非正社員である者が正社員への転換等により、将来について希望をもって見通そうとしても現実には困難であることなどが、こうした結果に影響を与えている可能性がある。

　次に、残業を含めた週の実労働時間別にみると、「20時間未満」

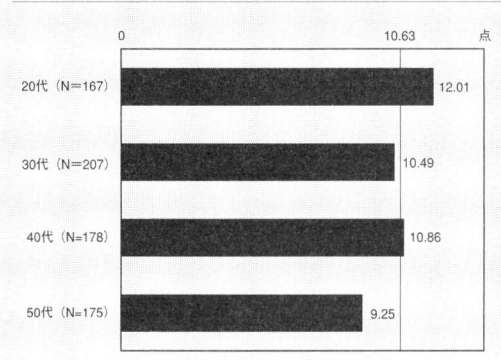

第1章　必要な人にセーフティネットを

図1　疲労蓄積感の合計点の比較（年齢階層別）

年齢	点数
20代（N=167）	12.01
30代（N=207）	10.49
40代（N=178）	10.86
50代（N=175）	9.25

（平均値 10.63点）

（出所）連合総研「第13回　勤労者短観」。

（7.85点）から「50時間以上60時間未満」（11.53点）までは労働時間が長くなるにつれて疲労蓄積感の度合が漸増しているのに対し、「60時間以上」（15.12点）では著しく高い値を示している（図2）。週60時間以上に達するような働き方をする場合、疲労が急激に強まり、蓄積されることがうかがえる。

さらに、働き方・意識などによって疲労蓄積感が異なるか否かみてみよう。仕事量の決定に際して自分の意向を反映できる者（7.61点）は、疲労の蓄積感が際立って低い（図3）。一方、正社員間の成果や業績による賃金・処遇の差が職場で拡大しているとする者（12.16点）については、比較的疲労の蓄積感が強い。また、失業の不安を感じる者（「かなり感じる」＋「やや感じる」14.34点）は、疲労を強く覚えている。仕事の量まで裁量が与えられていれば疲労感は少ないが、職場で成果主義が強く浸透していたり、勤労者自らが失業の不安を感じていたりする場合にあっては、疲労を覚えやすいことがうかがえる。

図2　労働時間と疲労蓄積感の度合

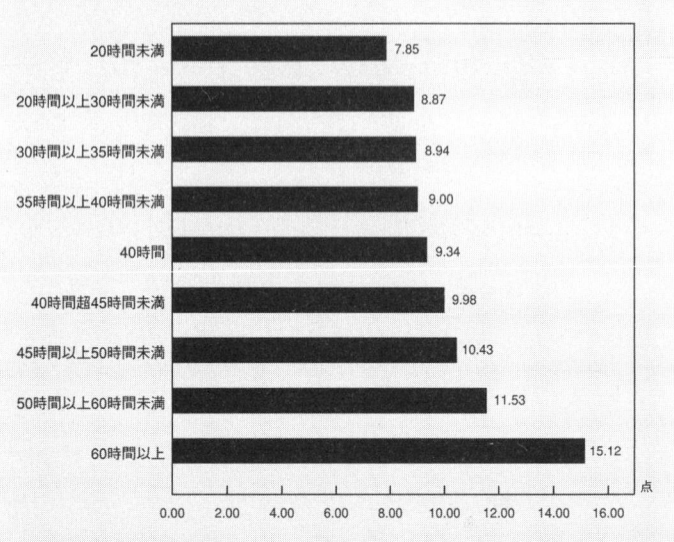

労働時間	点
20時間未満	7.85
20時間以上30時間未満	8.87
30時間以上35時間未満	8.94
35時間以上40時間未満	9.00
40時間	9.34
40時間超45時間未満	9.98
45時間以上50時間未満	10.43
50時間以上60時間未満	11.53
60時間以上	15.12

(出所) 連合総研「第13回　勤労者短観」。

図3　疲労蓄積感の合計点の比較（働き方・意識など）

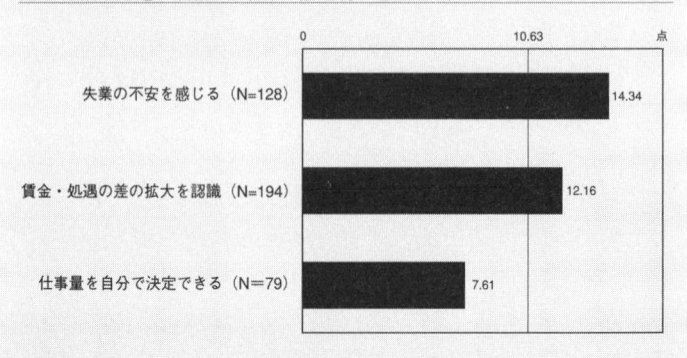

	点
失業の不安を感じる (N=128)	14.34
賃金・処遇の差の拡大を認識 (N=194)	12.16
仕事量を自分で決定できる (N=79)	7.61

平均 10.63

(出所) 連合総研「第13回　勤労者短観」。

第2章

「過労死予備軍」と「賃金不払い残業」

―解消に向けて―

川島千裕

Summary

　働き過ぎにより命を奪われる労働者が年間約150人にのぼる[1]。この背景の1つには、いっこうに改善されない長時間労働の問題がある。長時間労働の問題を放置する企業は、人の命をないがしろにする企業であり、社会から厳しく指弾されなくてはならない。

　勤労者短観では、2003年10月の第6回調査から、長時間労働や賃金不払い残業など労働時間の実態を継続的に調査している。

　正社員における長時間労働は、調査開始以来ほとんど改善がみられず、週実労働時間が60時間以上にのぼる「過労死予備軍」は2割前後を保ち続けている。長時間労働が労働者の生活に及ぼす影響は少なくない。労働時間が長い分、睡眠時間が削られる。長時間労働や睡眠不足が健康に悪影響を与えていることが本調査データからうかがえる。また、労働時間が長くなるにつれて、仕事や生活に対する満足度は低下する。

　労働時間に関する大きな問題のもう1つは、賃金不払い残業（サービス残業）である。賃金不払い残業のある雇用者は、2004年以降、4割前後に達する状態が続いており、賃金不払い残業の解消は遅々として進んでいない。この割合は、実労働時間が長くなるにつれて高まる傾向にあり、長時間労働が賃金不払い残業に大きく影響している。賃金不払い残業を解消するためには、勤務時間管理の適正化はもとより、長時間労働を是正し、残業そのものを最小限にとどめることが重要である。

　長時間労働を是正するには、まず、「法定労働時間で働く（働か

1　厚生労働省「脳・心臓疾患及び精神障害等に係る労災補償状況」（2007年5月発表）より。

せる）ことがあたり前」という意識を、使用者（企業）及び労働者の双方が身につけることが重要だ。そして、企業には、業務量の調整、業務効率化、人員の適切な充足など、業務量と人員数をバランスさせることを求めたい。

1 「過労死予備軍」の働き方と生活の現状

1 増加する短時間労働者と長時間労働者

　雇用者の平均労働時間は、過去10年間で大きくは変わっていない。総務省「労働力調査」によると、この間における雇用者（除く、農林業従事者）の労働時間は、1人平均では週あたり42時間前後で推移している。

　しかし、その内訳をみると、労働時間が短い層（週1～14時間および週15～29時間）と長い層（週49～59時間および週60時間以上）の雇用者の割合がそれぞれ上昇しており、いわゆる「労働時間の二極化」が進んでいる。

　この背景には、1990年代後半から進んだ雇用形態の多様化がある。この間、パートタイム労働者や派遣労働者など非正社員の割合が増加し続け、2007年には33.7％（労働力調査詳細結果）と約3分の1を占めるにいたっている。そして、非正社員の約3分の2を短時間勤務のパートタイム労働者が占めている。一方、正社員を中心とするフルタイム労働者では、残業が恒常化し、長時間労働の傾向が強まってきた。この要因としては、企業が正社員数を

抑制するなかで、少数の正社員に業務が集中する傾向にあることや、いわゆる成果主義型賃金制度の導入などで個々人の成果を求める傾向が強まっていることなどが影響しているとの指摘がある。

パートタイム労働者の増加など雇用形態の多様化については、働く者にとって自分のライフスタイルにあわせた多様かつ新規の就労機会を得ることができるというプラスの面が強調されている。しかし、その現実をみると、企業が人件費の低減や雇用の柔軟化を図るため、長期雇用の正社員を抑制しつつ、安価で雇用調整が容易な非正社員を正社員の代替として活用するという側面が強い。その結果が、先にみたような「労働時間の二極化」という形で表れている。

この「労働時間の二極化」は、一面では、正社員の約7割を占める男性における長時間労働の増加と、非正社員の7割弱を占める女性における短時間労働の増加と読み替えることもできる。週労働時間別の雇用者割合を男女別に示したものが図2-1-1である。1997年から2004年までの間に、男性における「週60時間以上」の割合が上昇している。その一方で、女性については、「週1時間〜34時間」の割合が上昇し、2001年以降は4割前後で推移している。こうした男性の長時間労働の増加は、男女共同参画社会の実現、特に男性の家事・育児への参加にはマイナスに影響する。

2 正社員の2割に達する「過労死予備軍」

以下では、「労働時間の二極化」の一方の極である、長時間労働をとりあげる。

勤労者短観の直近2年間の調査データ（第10回調査[2005年10月]〜第13回調査[2007年4月]）を用いて、長時間労働の実態をみ

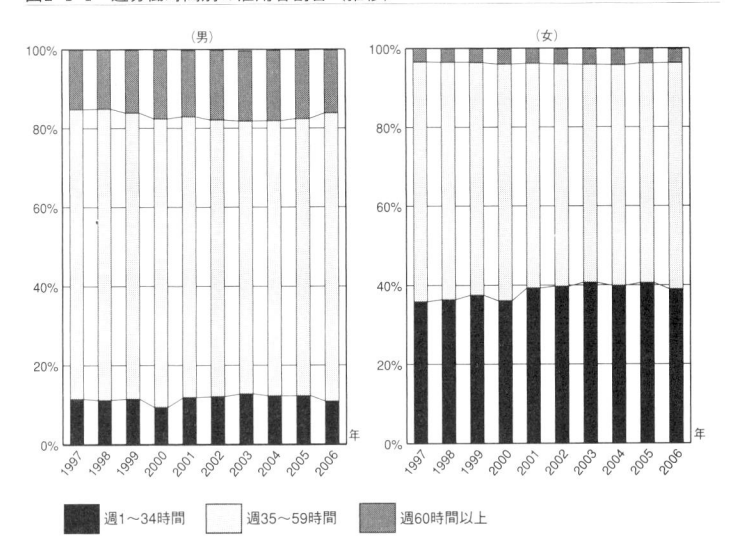

第2章 「過労死予備軍」と「賃金不払い残業」

図2-1-1 週労働時間別の雇用者割合（推移）

■ 週1～34時間　□ 週35～59時間　▨ 週60時間以上

(出所) 総務省「労働力調査」。非農林業従業者について集計。

てみよう。

　まず、正社員について1週間あたりの実労働時間（残業・休日出勤を含む。以下「週実労働時間」という）の時間階級別の人員割合をみると（図2-1-2）、週実労働時間「45時間未満」の割合は35.5％、45時間以上の割合は64.3％であり、45時間以上の者が約3分の2を占める。法定労働時間は週40時間であるから、正社員では、法定労働時間を超えて働いている者が多数派である。

　このうち週実労働時間が「60時間以上」である者は17.3％を占める。これを性別にみると、男性は19.7％、女性は8.8％であり、長時間働いている者は、とりわけ男性正社員に多い。

　この週実労働時間「60時間以上」とは、法定労働時間を超える

67

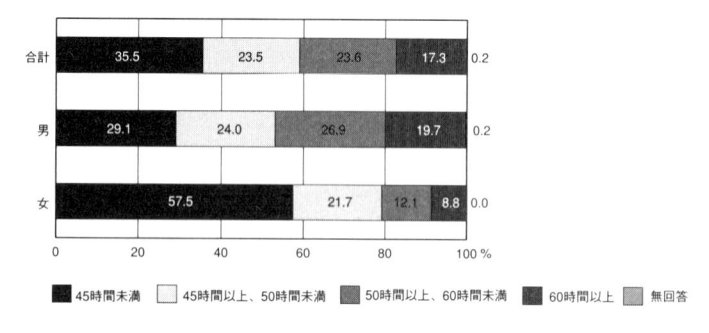

図2-1-2　正社員の週実労働時間別の人員割合

	45時間未満	45時間以上、50時間未満	50時間以上、60時間未満	60時間以上	無回答
合計	35.5	23.5	23.6	17.3	0.2
男	29.1	24.0	26.9	19.7	0.2
女	57.5	21.7	12.1	8.8	0.0

(注) 第10〜13回調査。正社員について集計 (n=2152)。

労働が週あたり20時間以上、月あたりでは80時間以上に相当する。時間外・休日労働が2〜6か月を平均して月80時間を超える過重労働は、脳・心臓疾患の発症による「過労死」を招きかねない働き方とされている[2]。正社員の2割弱を占める「過労死予備軍」のこうした危険な働き方は早急に是正されなければならない。

3 「仕事量の多さ」が残業の主因

長時間労働はなぜ生じるのであろうか。

所定労働時間を超えて働く理由を正社員にたずねたところ（回答は3つまで）、その回答結果は以下の通りとなっている（図2-1-3参照）。

残業の理由で最も多いのは、「仕事量が多いから」であり、回答

2　厚生労働省は、「過労死」（脳・心臓疾患）の労災認定にあたり、「脳・心臓疾患の認定基準」を示している。そのなかで、「（脳・心臓疾患）発症前2か月間ないし6か月間にわたって、1か月当たりおおむね80時間を超える時間外労働が認められる場合は、業務と発症との関連性が強いと評価できる」としている。

者の半数以上（56.2％）を占める。次に多いのは、「突発的な仕事があるから」（44.7％）である。次いで2割前後の回答で「仕事の繁閑の差が大きいから」（22.5％）、「勤務時間外でないとできない仕事があるから」（20.5％）、「仕事を納得できるように仕上げたいから」（20.1％）、「人員削減により人手が足りないから」（19.0％）が続いている。日本的な残業の例として、いわゆる「つきあい残業」が取り上げられるが、これに相当する「みんなが残業しており先に帰りづらいから」は1割に満たず（9.1％）、少数である。

「仕事量が多いから」の回答割合は、週実労働時間が長くなるにつれて高まる。週実労働時間「45時間未満」ではこの割合が4割（40.0％）にとどまっているが、「60時間以上」では約8割

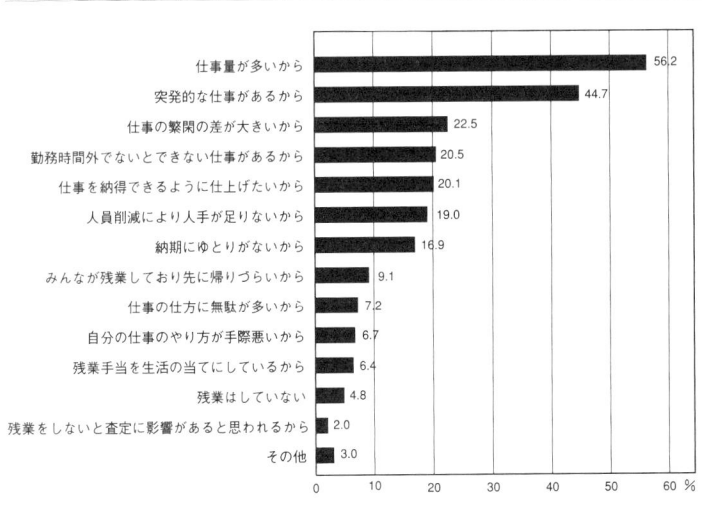

図2-1-3 所定労働時間を超えて働く理由（回答は3つまで）

理由	％
仕事量が多いから	56.2
突発的な仕事があるから	44.7
仕事の繁閑の差が大きいから	22.5
勤務時間外でないとできない仕事があるから	20.5
仕事を納得できるように仕上げたいから	20.1
人員削減により人手が足りないから	19.0
納期にゆとりがないから	16.9
みんなが残業しており先に帰りづらいから	9.1
仕事の仕方に無駄が多いから	7.2
自分の仕事のやり方が手際悪いから	6.7
残業手当を生活の当てにしているから	6.4
残業はしていない	4.8
残業をしないと査定に影響があると思われるから	2.0
その他	3.0

（注）第10回・第12回調査。正社員について集計（第10回 n=541、第12回 n=534）。

（79.3％）に及んでいる。これと対照的な動きをみせているのが「突発的な仕事があるから」の回答である。週実労働時間が長くなるにつれて、この回答割合は低下しており、週実労働時間「45時間未満」では48.2％と約半数を占めているが、「60時間以上」では33.5％まで低下している。

つまり、「60時間以上」の層の大多数は、いつも業務量がオーバーロード（過重）しているのである。こうした企業では、一定程度の残業や休日出勤が生じることを前提に人員配置や業務運営を行っているということになろう。長時間労働の是正に向けては、使用者（企業）及び労働者の双方が「所定労働時間で働く（働かせる）ことがあたり前」という基本に立ち返るとともに、企業が業務量の調整、業務効率化及び人員の適切な充足など業務量と人員数とをバランスさせることが必要である。

4 長時間労働で削られる睡眠時間

長時間労働のしわよせは睡眠時間にくる。

勤務のある日における1日の睡眠時間を週実労働時間別にみると、週実労働時間が長くなるにつれて、睡眠時間「5時間以下」の割合が高まっており、週実労働時間「60時間以上」では4割弱（37.3％）を占める（図2-1-4）。この回答結果から、長時間労働によって睡眠時間が削られていることがわかる。

このときの調査では、[仕事の時間]や[睡眠時間]に関する今後の希望をたずねている（回答は、「増やしたい」「減らしたい」「今のままでよい」の3択）。まず、[仕事の時間]に対する希望については、「減らしたい」（54.2％）が「増やしたい」（4.1％）を大きく上回っている。これを週実労働時間別にみると、週実労働時間が

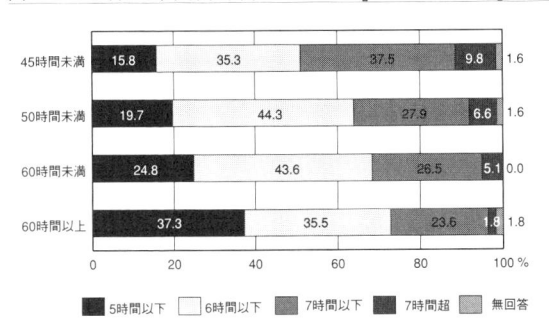

第2章　「過労死予備軍」と「賃金不払い残業」

図2-1-4　1日の睡眠時間（勤務のある日）[週実労働時間別]

週実労働時間	5時間以下	6時間以下	7時間以下	7時間超	無回答
45時間未満	15.8	35.3	37.5	9.8	1.6
50時間未満	19.7	44.3	27.9	6.6	1.6
60時間未満	24.8	43.6	26.5	5.1	0.0
60時間以上	37.3	35.5	23.6	1.8	1.8

（注）第12回調査。正社員について集計（n=534）。

長くなるにつれて、[仕事の時間]を「減らしたい」とする割合が高まる傾向にある。週実労働時間「45時間未満」ではこの割合が34.8％と約3分の1であるのに対し、「60時間以上」では8割（80.0％）に達している。次に、[睡眠時間]に対する希望をみると、「増やしたい」（52.9％）と「減らしたい」（46.2％）の割合はほぼ半々である。これを週実労働時間別にみると、週実労働時間が長くなるにつれて、[睡眠時間]を「増やしたい」とする割合が高まる。週実労働時間「45時間未満」では、この割合が4割強（42.4％）であるのに対し、「60時間以上」では7割（70.0％）に達している。これらの回答結果から、長時間働く者の大多数が睡眠不足になっており、仕事の時間を減らして睡眠時間を増やしたいと考えていることがわかる。

5 体に悪い長時間労働

長時間働く者は、どのような健康状態にあるのか。

正社員に、現在の健康状態についての自己評価をたずねた結果が図2-1-5である。週実労働時間が長くなるにつれて、「健康である」の割合が低下している。また、「どちらかというと健康でない」と「健康でない」の合計をみると、週実労働時間「60時間以上」でこの割合が高い。長時間労働による疲労の蓄積や睡眠時間の削減が、労働者の健康に少なからず影響していると思われる。

企業は、長時間労働が従業員の睡眠時間や健康に及ぼす悪影響を正しく理解し、従業員が休息・休養を十分に確保できるように業務量と人員数とを適切にバランスさせなければならない。企業が従業員に健康を損ねるような働き方をさせないことは、職場の安全管理と同様に、企業の最低限かつ最大の責務ではないか。

6 長時間労働は仕事や生活の満足度にも悪影響

長時間労働は、労働者の満足度に対してもマイナスの影響を及ぼしている。

正社員に、「仕事に対する満足度」と「生活全般についての満足度」をたずねた結果が図2-1-6である。

週実労働時間が長くなるにつれて、「仕事についての満足度」「生活全般についての満足度」のいずれにおいても、「かなり満足」と「やや満足」の割合の合計（以下、＜満足＞という）が低下している。＜満足＞の割合は、週実労働時間が60時間未満では、「仕事に対する満足度」「生活全般についての満足度」ともに過半数を占めているのに対し、「60時間以上」では、いずれも5割を下回る。また、週実労働時間「60時間以上」では、「かなり不満」

第2章 「過労死予備軍」と「賃金不払い残業」

図2-1-5 現在の健康状態［週実労働時間別］

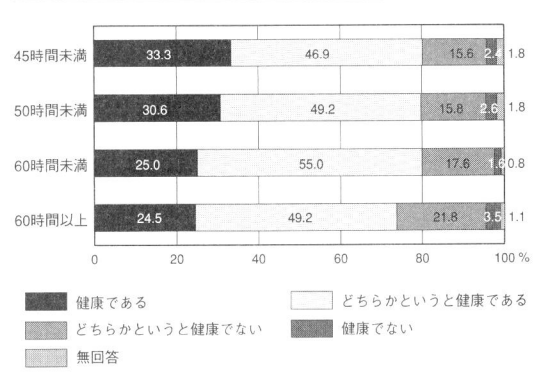

週実労働時間	健康である	どちらかというと健康である	どちらかというと健康でない	健康でない	無回答
45時間未満	33.3	46.9	15.6	2.4	1.8
50時間未満	30.6	49.2	15.8	2.6	1.8
60時間未満	25.0	55.0	17.6	1.6	0.8
60時間以上	24.5	49.2	21.8	3.5	1.1

(注) 第10～13回調査。正社員について集計（n=2152）。

図2-1-6 仕事及び生活全般についての満足度［週実労働時間別］

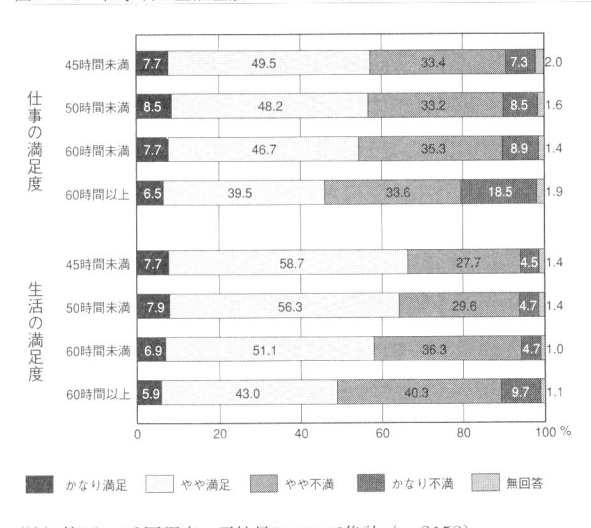

仕事の満足度

週実労働時間	かなり満足	やや満足	やや不満	かなり不満	無回答
45時間未満	7.7	49.5	33.4	7.3	2.0
50時間未満	8.5	48.2	33.2	8.5	1.6
60時間未満	7.7	46.7	35.3	8.9	1.4
60時間以上	6.5	39.5	33.6	18.5	1.9

生活の満足度

週実労働時間	かなり満足	やや満足	やや不満	かなり不満	無回答
45時間未満	7.7	58.7	27.7	4.5	1.4
50時間未満	7.9	56.3	29.6	4.7	1.4
60時間未満	6.9	51.1	36.3	4.7	1.0
60時間以上	5.9	43.0	40.3	9.7	1.1

(注) 第10～13回調査。正社員について集計（n=2152）。

の割合がぐっと高まっている。

　企業においては、少子化による若年労働力の減少・不足が進んでいくなかで、優秀な人材をいかに採用し確保するかが重要な課題となっている。従業員の満足度を高め、優秀な人材の確保・定着を図る観点からも、企業は長時間労働の是正に取り組む必要があるといえよう。

2　なくならない「サービス残業」

1 雇用者の4割がサービス残業（賃金不払い残業）をしている

　労働時間に関するもう1つの大きな問題は、賃金不払い残業、いわゆる「サービス残業」である。これは、残業（含む休日出勤。以下同じ）に対して、本来支払われるべき残業手当（割増賃金）の一部しか支払われないという問題であり、残業手当が支払われない部分の労働は、ただ働きである。

　ここ数年来、労働組合は、賃金不払い残業の撲滅に向けた取組みを強化している。また、この間、厚生労働省も賃金不払い残業を問題視し、労働基準監督署による企業への監督や賃金不払いに対する是正指導を強めている。にもかかわらず、厚生労働省の発表によると、労働基準監督署の是正指導の結果、不払いになっていた手当が事後に支払われた事例は、2004〜2006年度の間、毎年、企業数で約1500社、支払われた手当の合計額は200億円強にのぼっており、依然として多くの企業で賃金不払い残業が行われ

第2章 「過労死予備軍」と「賃金不払い残業」

ている[3]。

以下、勤労者短観の過去3年間の調査データ（第8回調査[2004年10月]、第10回調査[2005年10月]、第12回調査[2006年10月]）を用いて、賃金不払い残業の実態やこの間の変化をみてみよう。

まず、残業を行った時間に対して実際に残業手当が支給された時間の割合（以下、「実際に残業手当が支給された割合」という）をたずねた結果が図2-2-1である。なお、集計にあたっては、管理職など残業手当の支給対象になっていない者や「残業はしていない」と回答した者を除いている（以下同様）。

「実際に残業手当が支給された割合」が「すべて（＝10割）」と回答した者は、全体の半数に過ぎない。残りの半数から「わからない」と「無回答」を除いたものが、残業手当が支給されなかっ

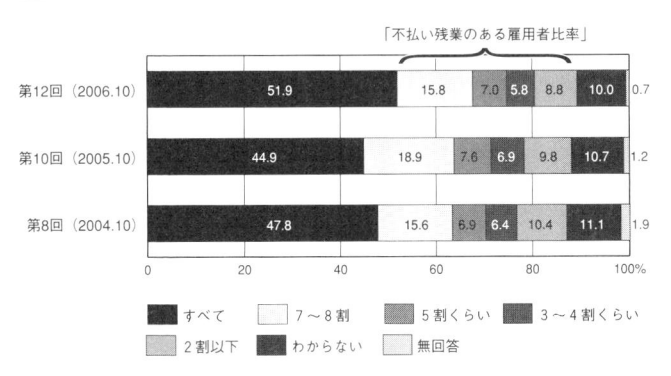

図2-2-1　実際に残業手当が支給された割合

調査回	すべて	7〜8割	5割くらい	3〜4割くらい	2割以下	わからない	無回答
第12回（2006.10）	51.9	15.8	7.0	5.8	8.8	10.0	0.7
第10回（2005.10）	44.9	18.9	7.6	6.9	9.8	10.7	1.2
第8回（2004.10）	47.8	15.6	6.9	6.4	10.4	11.1	1.9

「不払い残業のある雇用者比率」

（注）第8回、第10回、第12回調査。残業手当の支給対象者から「残業はしていない」と回答した者、週実労働時間が「不明・無回答」の者を除外して集計（第8回 n=423、第10回 n=419、第12回 n=430）。

3　厚生労働省「監督指導による賃金不払残業の是正結果」（2007年10月発表）より。

た時間があるとする回答の割合（以下、「不払い残業のある雇用者比率」という）である。この割合は、過去3回の調査とも4割前後となっている。

「不払い残業のある雇用者比率」は、直近の第12回調査では37.4％と、第8回・第10回調査の値を下回っており、やや改善がみられるともいえる。しかし、本来これは「0」であるのが当然ということからすれば、賃金不払い残業問題の解消は遅々として進んでいないのが実情である。

2 「実労働時間」の長短が賃金不払い残業に大きく影響

以下では、賃金不払い残業の背景をさぐるため、第10回調査と第12回調査のデータを合わせたものを集計し、「不払い残業のある雇用者比率」及び「実際に残業手当が支給された割合」を階層別にみることにする。

まず、「不払い残業のある雇用者比率」を週実労働時間別にみると、この比率が最も高いのは「60時間以上」（56.7％）であり、週実労働時間が短くなるにつれてこの割合は低下する（表2-2-1）。

次に、「実際に残業手当が支給された割合」に着目してみる。ひと口に賃金不払い残業といっても、「実際に残業手当が支給された割合」が「2割以下」と「7～8割」とでは問題の大きさは異なる。つまり、「2割以下」というのは、残業時間のほとんどがただ働きということである。「実際に残業手当が支給された割合」が「2割以下」とする回答割合を週実労働時間別にみると、この割合が最も多いのは「60時間以上」（23.7％）であり、週実労働時間が短くなるにつれてこの割合は低下する。同様に、「3～4割くらい」

第2章 「過労死予備軍」と「賃金不払い残業」

表2-2-1 不払い残業のある雇用者比率［週実労働時間別等］

(％、人)

		実際に残業手当が支給された割合							回答数	不払い残業のある雇用者比率
		すべて	7～8割	5割くらい	3～4割くらい	2割以下	わからない	無回答		
合計		48.4	17.3	7.3	6.4	9.3	10.4	0.9	849	40.3
週実労働時間別	40時間未満	61.3	12.9	2.2	1.8	6.2	14.2	1.3	225	23.1
	40時間以上、45時間未満	51.4	16.7	5.9	5.0	7.2	13.5	0.5	222	34.7
	45時間以上、50時間未満	42.4	25.3	10.0	9.4	6.5	5.9	0.6	170	51.2
	50時間以上、60時間未満	42.2	20.7	8.9	11.9	11.1	4.4	0.7	135	52.6
	60時間以上	30.9	10.3	15.5	7.2	23.7	10.3	2.1	97	56.7
残業手当が支給される時間の決定方法別	自己申告の時間どおり	58.8	18.1	6.1	5.6	4.7	6.1	0.6	359	34.5
	タイムカードや電子機器等による記録どおり	61.2	18.1	4.0	2.2	4.0	9.3	1.3	227	28.2
	記録をもとに上司等が調整を行う	32.4	23.8	10.5	11.4	10.5	11.4	0.0	105	56.2
	あらかじめ決められた定額の手当による	23.5	13.7	9.8	25.5	13.7	13.7	0.0	51	62.7
	あらかじめ定められた上限時間による	26.5	18.4	22.4	2.0	16.3	14.3	0.0	49	59.2
	その他	2.9	0.0	8.6	5.7	60.0	17.1	5.7	35	74.3

(注) 第10回・第12回調査。残業手当の支給対象者から「残業はしていない」と回答した者、週実労働時間が「不明・無回答」の者を除外して集計。

「5割くらい」についても、概ね週実労働時間が長い層においてこの割合が多い。

このように、実労働時間の長短によって、「不払い残業のある雇用者比率」と「実際に残業手当が支給された割合」の両面において賃金不払い残業の状況が大きく異なることがわかる。

ちなみに、「不払い残業のある雇用者比率」を性別にみると、男性（46.5％）のほうが女性（32.0％）よりもこの比率が高く、就業形態別では正社員（46.1％）のほうが非正社員（26.7％）より

77

も高い。こうした男女間の差、就業形態別の差にも、それぞれの層における実労働時間の長短が影響している。

3 「勤務時間管理の方法」の違いも賃金不払い残業に影響

残業手当が実際に支給される時間がどのような方法で決定されているかということも、賃金不払い残業の状況に大きく係わっている。

「不払い残業のある雇用者比率」を、残業手当が実際に支給される時間の決定方法別にみると、この比率が高いのは、「あらかじめ決められた定額の手当による」(62.7％)、「あらかじめ定められた上限時間による」(59.2％)、「自己申告またはタイムカードや電子機器による記録をもとに上司等が調整を行う」(56.2％)であり、いずれも半数を超えている（表2-2-1）。一方、この比率が低いのは、「タイムカードや電子機器等による記録どおり」(28.2％)、「自己申告の時間どおり」(34.5％)である。

勤務時間管理において定額の手当や残業の上限時間を設定することの適否は別として、このような設定をするのであれば、管理者（上司）は、まず残業時間がそれを超えないように業務量を調整するべきであろう。「自己申告またはタイムカードや電子機器による記録をもとに上司等が調整を行う」というのは論外である。このような勤務時間管理における不十分・不適切な対応が賃金不払い残業の大きな原因になっている。

なお、残業手当が実際に支給される時間の決定方法別の雇用者割合は、この3年間で変化している。第8回、第10回及び第12回調査をくらべると、「自己申告の時間どおり」及び「タイムカードや電子機器等による記録どおり」とする雇用者割合が上昇してお

り、反対に、「記録をもとに上司等が調整を行う」、「あらかじめ決められた定額の手当による」、「あらかじめ定められた上限時間による」とする割合は低下を続けている。このような近年の変化は、全体の「不払い残業のある雇用者比率」を低下させる効果を有するものであり、勤務時間管理の適正化が進んでいるとみることができる。

4 理由の第1は上司への気兼ね

なぜ賃金不払い残業が生じるのであろうか。

残業手当の支給対象者に、賃金不払い残業のある理由をたずねた結果を示したものが図2-2-2である（回答は3つまで）。直近の第12回調査では、「上司の対応等の雰囲気により残業手当を申請しにくいから」がもっとも多く、約4割（39.7％）を占める。それ以前の調査結果と比較すると、この回答割合が大きく上昇している。また、それまで1位であった「残業時間の限度が定められているから」（32.2％）、2位であった「予算枠などで残業手当の支払いに上限があるから」（28.0％）の割合はいずれも低下している。これは、3で述べた、残業手当が実際に支給される時間の決定方法のなかで、「あらかじめ決められた定額の手当による」、「あらかじめ定められた上限時間による」の回答割合が低下していることと整合的であり、勤務時間管理の適正化が進む方向にあることをこの回答結果からも確認できる。

5 賃金不払い残業の解消に向けて

賃金不払い残業の解消を進めるうえで、「これをやれば一発で問題は解決する」といった特効薬や対策の決定打はない。それは、

図2-2-2　賃金不払い残業のある理由（回答は3つまで）

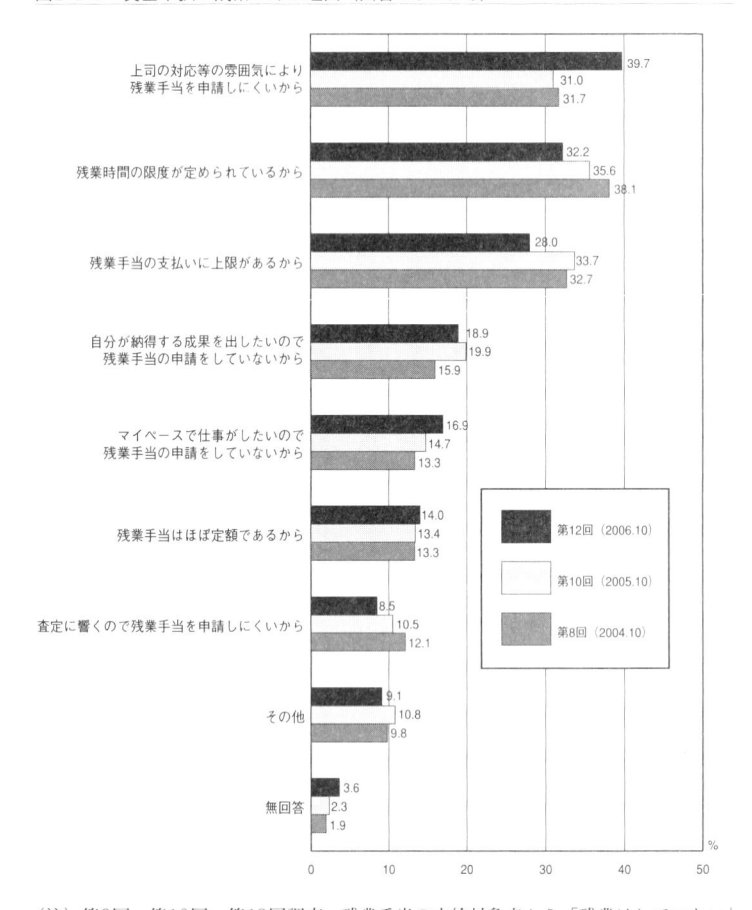

理由	第12回(2006.10)	第10回(2005.10)	第8回(2004.10)
上司の対応等の雰囲気により残業手当を申請しにくいから	39.7	31.0	31.7
残業時間の限度が定められているから	32.2	35.6	38.1
残業手当の支払いに上限があるから	28.0	33.7	32.7
自分が納得する成果を出したいので残業手当の申請をしていないから	18.9	19.9	15.9
マイペースで仕事がしたいので残業手当の申請をしていないから	16.9	14.7	13.3
残業手当はほぼ定額であるから	14.0	13.4	13.3
査定に響くので残業手当を申請しにくいから	8.5	10.5	12.1
その他	9.1	10.8	9.8
無回答	3.6	2.3	1.9

（注）第8回、第10回、第12回調査。残業手当の支給対象者から「残業はしていない」と回答した者、週実労働時間が「不明・無回答」の者、当設問で「サービス残業はない」と回答した者を除外して集計（第8回 n=315、第10回 n=306、第12回 n=307）。

第2章 「過労死予備軍」と「賃金不払い残業」

賃金不払い残業の理由・原因は多様であり、それぞれの原因に対して適切な対策を用意しなければならないからである。

対策の1つは、実労働時間の短縮である。**2**でみたように、実労働時間の長短は、「不払い残業のある雇用者比率」と「実際に残業手当が支給された割合」の両面において賃金不払い残業の状況と大きな係わりをもっている。したがって、賃金不払い残業の解消に向けては、まず、実労働時間の短縮、とりわけ長時間労働の是正が不可欠であり、企業には、業務量と人員数とをバランスさせるよう、業務効率化や人員の適切な充足に努めることが求められる。

また、勤務時間管理の適正化に向けた取組みも重要である。賃金不払い残業の解消には、まず勤務時間を的確に把握する仕組みを整備し、残業を行った時間に対して残業手当がきちんと支払われるように制度・運用を見直すことが必要である。

なお、勤務時間管理の適正化の効果は限定的である。なぜならば、**3**でみたように、残業手当が実際に支給される時間の決定方法が「タイムカードや電子機器等による記録どおり」あるいは「自己申告の時間どおり」である場合にも、不払い残業のある雇用者が3割前後存在しているからである。これらについて賃金不払い残業のある理由をみると、「上司の対応等の雰囲気により残業手当を申請しにくいから」、「残業時間の限度が定められているから」、「予算枠などで残業手当の支払いに上限があるから」が上位3つを占めている。つまり、働いている本人が、上司の態度や職場の雰囲気あるいは残業の限度時間を考慮して、残業時間を自ら過少申告したり、機器に残される勤務記録を調整したりしているのである。したがって、企業には、勤務時間管理の適正化と併せて、労

働時間に関する企業風土の改革や管理職の意識改革が求められる。

　さらに、勤務時間を管理する者や働く者自身が、労働時間や残業手当に関する法律や制度を十分に理解することも重要である。雇用者のうち、「雇われて働いている人は、法定労働時間を超えて残業した場合は、割増賃金を請求できる」ことを知っている割合は、5割強（53.9％）にすぎない（第13回調査結果より）。労働に係わるルールを広く国民に周知させるための学習の場や広報を企業、労働組合、行政（学校教育を含む）において整備することが重要である。

＜参考文献＞
小倉一哉・藤本隆史（2005年）『日本の長時間労働・不払い労働時間の実態と実証分析』労働政策研究・研修機構。

メッセージ　労働組合・人事部の皆さんへ

　私が会社の社長になったとしたら、労働時間について2つのことを実行したいと思います。

- 新入社員には、入社後1年間は毎日定時で働いてもらい、残業をさせない。
- 新入社員には、入社後1年間は年休を完全取得させる。

　その理由は、働く者に労働のルールを周知し、その通り実践してもらうには、まずルールに沿った働き方を実際に体験してもらうことが一番効果的であると考えるからです。新入社員には、アフター5や休日を社外の研修や労働組合の行事への参加にあててもらい、会社以外での時間の使い方も身につけて欲しいと思います。

　新入社員の上司から「仕事を教え込む大切な時期に、仕事をさせないとは何ごとか」とお叱りを受けるかもしれません。確かに、短期的には仕事面でのマイナスもあるでしょうが、新入社員がここで身につけた働き方は、長い社会人生活の中でずっと役に立つと思います。また、職場の管理職には、部下を定時で働かせることを体験してもらう良い機会になるはずです。

　みっちり仕事をしてもらうのは、入社2年目からでも決して遅くはないと思いますが、皆さんのお考えはいかがでしょうか。

COLUMN　睡眠不足は体に悪い

　健康の確保にとって十分な睡眠が欠かせないことは、各種調査で明らかにされている。

　勤労者短観の調査結果から、1日の睡眠時間と健康状態についての自己評価との関係をみたものが右の図である。1日の睡眠時間が6時間以上の層では「健康である」と「どちらかというと健康である」の合計が8割を超えるが、睡眠時間が短くなるにつれてこの割合は低下し、「どちらかというと健康でない」の割合が上昇する。

　厚生労働省「保健福祉動向調査」（2000年）は、1日の睡眠時間や睡眠による休養が十分とれているかどうか（休養充足度）をたずねている（対象は満12歳以上の世帯員）。1日の睡眠時間が6時間以上の層では、「（休養が）十分とれた」と「まあ十分だった」とする回答の合計は約7割と多数を占めるが、睡眠時間「5時間〜6時間未満」ではこの割合が32.8％、「5時間未満」では16.7％と大幅に低下する。また、睡眠による休養充足度が低い層ほど、健康意識について「よくない」・「あまりよくない」とする回答割合が高い。

　健康に対する自己評価や実際の健康状態は、生活習慣、生活環境、加齢など様々な要因による影響を受けるが、これらの調査は、睡眠不足によって十分な休養を取れないことが、健康にマイナスの影響を及ぼしていることを端的に示している。

第2章 「過労死予備軍」と「賃金不払い残業」

図 睡眠時間と現在の健康状態

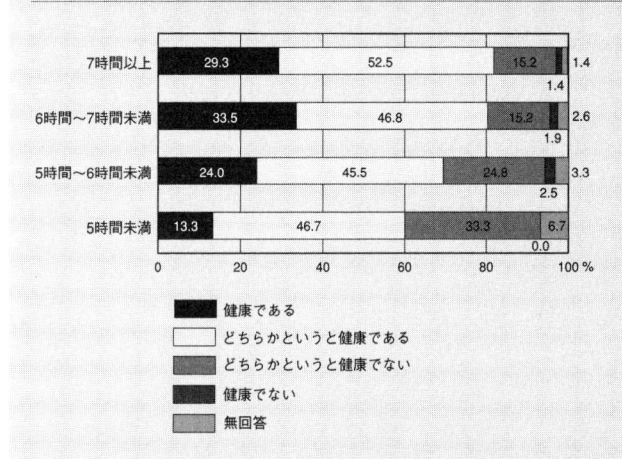

睡眠時間	健康である	どちらかというと健康である	どちらかというと健康でない	健康でない	無回答
7時間以上	29.3	52.5	15.2	1.4	1.4
6時間～7時間未満	33.5	46.8	15.2	2.6	1.9
5時間～6時間未満	24.0	45.5	24.8	3.3	2.5
5時間未満	13.3	46.7	33.3	6.7	0.0

(注) 第12回調査。睡眠時間が「無回答」の者、1週間の勤務日数が「無回答」の者を除外して集計 (n=737)。

第3章

働く女性の二極化
―ビジネス・ウーマンの実像―

佐藤　香

Summary

　第3章では、大都市で働く女性について、その働きかたや収入状況、職場の環境、ライフスタイルなどからみていく。

　働く女性が増えたといっても、正社員以外の働きかたが多く、女性たちの賃金収入では経済的な自立は困難であるケースが大半である。とくにパート・アルバイトでは難しい。それにもかかわらず、労働時間と家事時間の合計は、長時間労働の多い男性正社員よりも長く、多忙でストレスを感じる毎日を送っている。正社員では仕事上の不安を感じることも少なくない。これが、華やかなイメージのある大都市のビジネス・ウーマンの実像である。

　そうしたなかで、多くの女性は労働時間を減らし、仕事と生活のバランスが適度にとれる生活を送りたいと考えている。そのためには、女性の労働時間だけではなく、男性の労働時間を減らす必要がある。また、男性の家事に対する協力は、まだまだ不足している。

　女性のワーク・ライフ・バランスを良好なものにするためには、男性の協力が不可欠である。男性が労働時間を減らして家事時間を増やすことは、実は、女性のワーク・ライフ・バランスを改善するのにとどまらず、男性たち自身のワーク・ライフ・バランスを良好なものにすることにつながる。

　男性でも女性でも、誰もが安心して働くことができて、仕事と生活のバランスを適度にとれる社会を築いていくことが、現在の日本社会の最大の課題の一つである。このような社会を築くことができなければ、経済的な豊かさも虚しいものだといわざるをえ

ない。多様な立場が存在しうるが、ここで述べた課題を共有することが、その第一歩である。そして、その実現のためには、さまざまな立場の人が互いに協力しあう必要があるだろう。本稿が、課題の共有や、働く女性のおかれている状況を理解するための一助となれば、望外の喜びである。

1 イメージとしての キャリア・ウーマン

1 「キャリア・ウーマン」イメージと女性の働きかた

　女性の労働市場進出が言われるようになってから久しい。1986年施行の「男女雇用機会均等法」以降、女性が働くためのさまざまな条件も整えられてきた。この20年間で、女性の雇用環境は大きく変化したといってよい。

　女性が働く条件が整えられていった1980年代後半は、バブル経済とも重なる。この時期、都市で働く男女の恋愛模様を描き出したトレンディ・ドラマが人気を集めた。これらのドラマに出てくる女性たちは、コピー取りやお茶汲みに終始するOLではなく、自立できるだけの経済力をもち、おしゃれで華やかな「キャリア・ウーマン」だった。このキャリア・ウーマン像は、現在でも、働く女性をおもな読者とする雑誌の表紙などにみることができる。

　あれから20年、華やかなキャリア・ウーマンは増加したのだろうか。実のところ、環境の変化の大きさと比べると、女性就業の実態はそれほど大きく変化してはいない。雇用労働者に占める女

性の比率をみても、雇用機会均等法以前の1985年から20年後の2005年にかけて36%から42%と、わずか6ポイントの増加にすぎない。図3-1-1は、総務省統計局『労働力調査』のデータから、全国の雇用者の構成比を、男女別・就業形態別(ここでは、常雇/臨時雇・日雇の2種類に区別した)にみたものである。直線的に増加してきた雇用労働力は1990年代半ば以降停滞しており、女性雇用労働者数も微増にとどまっている。また、武石(2006)が指摘するように、他の先進諸国と異なり、日本では女性の労働力率のM字カーブが明瞭に残っている。その意味でも、女性の働きかたに本質的な変化はみられなかったといえるだろう。

バブル経済崩壊後、雇用をめぐる環境はきわめて厳しいものとなった。女性たちが華やかなキャリアを築くどころか、むしろ、もっとも条件の恵まれた新規学卒でさえも正社員として就職することがきわめて困難な「氷河期」と呼ばれる状況が長く続いた。

図3-1-1 雇用者の性・就業別人数(『労働力調査』)

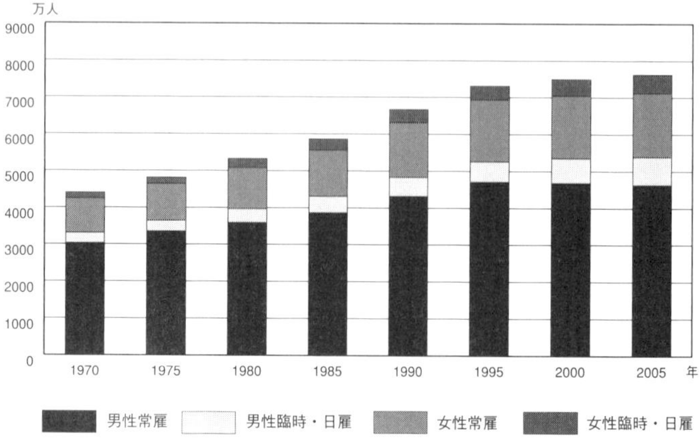

こうしたなかで拡大したのは、パート・アルバイトや派遣労働などの雇用機会のみだった。

図3-1-2は、図1と同じく総務省統計局『労働力調査』をもちいて、雇用者に占める臨時雇・日雇の比率を男女別に示したものである。男女とも共通して、2000年頃から、その比率が上昇しているが、とくに女性で上昇傾向が強く、2000年代を通じて20％を上回っており、働く女性の5人に1人以上がパートやアルバイトとなっている。パートやアルバイトでは男性に頼らずに生活できるだけの経済力をもつことは、なかなか難しい。イメージとしてのキャリア・ウーマン像からは、遠ざかりこそすれ、近づいてはいない。

以上は全国でみた傾向である。大都市部の労働者を対象とした私たちの調査データでは、図3-1-3に示したように、雇用労働者として働く女性に占めるパート・アルバイトや契約社員・派遣社

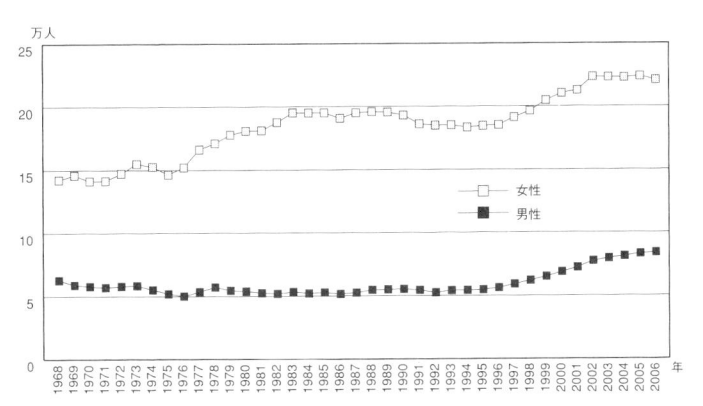

図3-1-2　雇用者に占める臨時雇・日雇の比率（『労働力調査』）

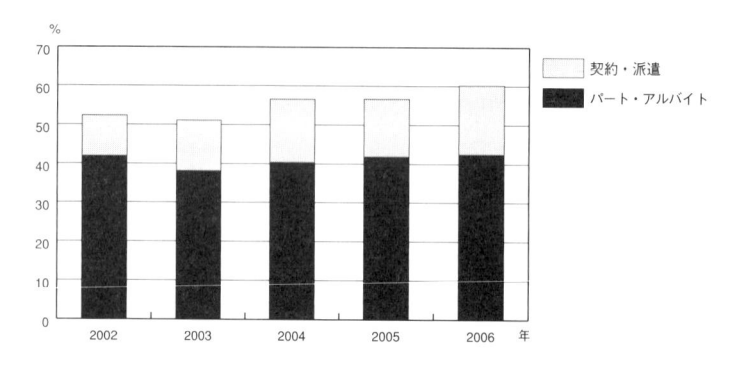

図3-1-3　女性雇用労働者の就業形態

員の比率は、全国平均よりもかなり高い。調査年によって多少の変動はあるが、パート・アルバイトは40％前後で推移しており、契約社員・派遣社員は2002年の10％から2004年には16％、さらに2006年には18％まで増加している。その結果、2006年には過半数を超えるほぼ60％の働く女性が正社員以外の働きかたをしていることになる。

2 働く女性の収入

　大都市部で働く女性のうちパート・アルバイトなどで働く女性が増加しているのは、すでにみたとおりだが、ここでは、私たちのデータから都市部で働く女性の賃金が、近年、どのように変化したかをみておきたい。金子（2007）は、日本の世帯の大きな部分を占めるサラリーマン世帯において、バブル崩壊後、世帯主の収入が伸び悩み、あるいは減少するなかで、妻の収入は1990年代末までは増加傾向にあったことを示している。ただし、この増加傾向も2000年以降は伸び悩んでいるという。

第3章　働く女性の二極化

　正社員の賃金については、一般的には年功賃金、すなわち年齢があがるほど賃金が高くなる傾向がみられる。これは男女とも共通であるが、男性と比較すると女性の賃金の上昇程度は小さく、30歳代後半で頭打ちになることが多い。

　一方、パートやアルバイトでは、年齢によって賃金が上昇することは、あまりない。年齢によらず同一の賃金が支給されることが多い。派遣社員や契約社員の場合は、雇用条件によって異なるが、年齢によって決まる部分は、それほど大きくはない。

　戦後の日本社会では、新規学卒一括採用・年功賃金・企業別労働組合の3つを特徴とする日本的雇用システムがとられてきたといわれている。これは、大企業を中心とする雇用システムであり、近年ではその崩壊が社会的な関心を集めた。けれども、女性の場合は、この雇用システムが安定していた時代にあっても、このシステムに属する女性は一部であったし、現在でも、その事情は変わっていない。

　図3-1-4に女性本人の賃金年収を就業形態別に示した。パー

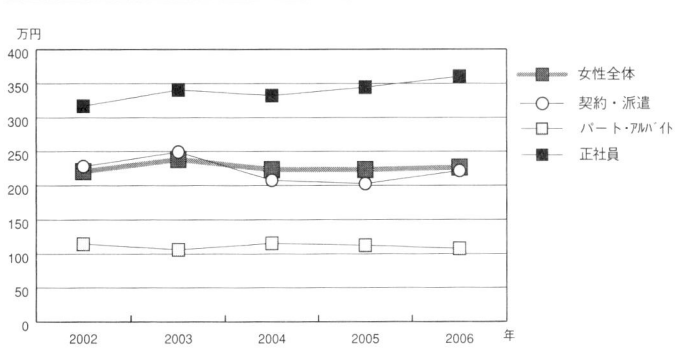

図3-1-4　女性の賃金年収

ト・アルバイトでは、5年間を通じて100万円を少し越えた水準で推移している。「103万円の壁」「130万円の壁」を意識して収入を調節しながら働いているのだろう。派遣社員・契約社員では、2003年に250万円に近づくものの、図3-1-3でみたように派遣社員・契約社員が大きく拡大した2004年になると、一挙に200万円近くまで低下した。その後、2006年にはやや持ち直すが、220万円程度にとどまっている。

　正社員では2002年の317万円から2006年の360万円まで上昇しているが、これは2002年には35.5歳であった平均年齢が2006年には37.0歳まで上昇していることから、その影響と考えられる。正社員として働き続ける女性が増えていることと、正社員では年功賃金が適用されていることが、ここからわかるだろう。それに対して、パート・アルバイトや契約社員・派遣社員では、こうした平均年齢の上昇はみられない。なお、5年間を通じたパート・アルバイトの平均年齢は42.0歳、契約社員・派遣社員の平均年齢は37.1歳である。

　正社員の賃金年収は微増しているが、正社員以外の就業形態が増加しているため、女性全体の平均年収は220万円前後で推移しており、伸び悩んでいるといえるだろう。全国レベルでの伸び悩み傾向と一致する。また、契約社員・派遣社員として働く女性の賃金年収は、女性雇用労働者の平均的な水準とほぼ一致することがわかる。

3 女性の収入と世帯の収入

　女性の賃金年収が2000年代に伸び悩んでいることをみたが、家計のなかで、彼女たちの収入は比重を高めつつある。前掲の金子

(2007)によれば、世帯収入が減少するなかで、妻の収入が世帯収入に占める比率は1985年から2005年の20年間で8.0％から10.7％まで拡大しており、家計の収入面における妻の役割が大きくなっているという。

既婚女性の就業にかんしては、経験的な法則として、ダグラス＝有沢の法則が知られている。これは、夫の所得が高いと妻の有業率が低いという傾向を示した法則である。これは、きわめて常識的な法則だといえるだろう。経済的な問題として考えた場合、夫の所得が十分にあれば、妻は必ずしも働く必要はない。だが、経済的に働く必要がないにもかかわらず、自己実現をめざし自分のキャリアを築いていくために働き続ける女性も存在する。これらの女性が、いわゆるキャリア・ウーマンとして想定される。それでは、このようなキャリア・ウーマンは増加したのだろうか。

キャリア・ウーマンが増加することは、女性の経済的自立や自由の観点から望ましいといえる。けれども、実は、キャリア・ウーマンの増加は、社会の不平等を拡大させる可能性があるのである。

不平等の研究で名高い大竹（2000、2005）は、『就業構造基本調査』のデータをもちいて、1980年代の日本では低所得男性の配偶者ほど有業率が高いダグラス＝有沢の法則が明確に成り立つのに対して、90年代には、こうした関係がみられないことを明らかにしている。米国では、夫婦ともに高所得の世帯が増加したために世帯所得の不平等が拡大したとする研究があるが、日本でもその可能性があることが指摘されている。

ダグラス＝有沢の法則が成立している場合には、夫の低所得を妻の収入が補うため、世帯所得は平等化する傾向にある。それに

対して、ダグラス=有沢の法則が成立せず、夫婦間における所得の相関が強まる、すなわち高所得同士あるいは低所得同士が結びつく傾向が強まると、世帯所得の格差は拡大する。米国では後者の傾向が強まりつつあり、高収入同士の「パワーカップル」も増加しているといわれている。格差拡大が懸念される日本社会では、女性の収入は平等化／不平等化のどちらに寄与しているのだろうか。

以上のような問題関心から、これまでにも、いくつかの研究がおこなわれている。ここでは、『社会階層と社会移動全国調査（略称：SSM調査）』データ[1]をもちいた大和（1998）・村上（2001）・尾嶋（2003）の結果をみておくことにしたい。まず、1995年データから大和（1998）は夫の学歴や年収が低いほど妻が労働市場に再参入しやすいことを指摘した。同じデータをもちいた村上（2001）は、夫の職業と年齢を基準とした分析により、妻の就業は経済的に夫を補完しており、妻の就業の増加は世帯間の収入格差にはつながっていないという示唆を得ている。一方、尾嶋（2003）は1985年および1995年データをもちいて夫婦の収入に着目した比較分析をおこなっている。その結果、85年と比較して、95年では夫の平均的な収入を夫婦がともに越える「高収入夫婦」が増加していることなどから、妻の収入が世帯の不平等を拡大させる傾向が存在することは否定できないとしている。

私たちのデータは、すべて働いている人々のデータで専業主婦などは含まれない。したがって、妻の有業率にかんするダグラ

---

[1] 『社会階層と社会移動全国調査（略称：SSM調査）』は社会学の研究者を中心として1955年以来、10年ごとに実施されている大規模な全国調査で、これまでにも数多くの研究を蓄積してきている。

ス＝有沢の法則を直接検証することはできないが、妻の収入が世帯所得の平等化／不平等化のいずれの効果をもっているのかをみておくことにしたい。ここでは5年分のデータをまとめて扱っている。

以下で示す図3-1-5a、図3-1-5bは等高線グラフと呼ばれるものである。ここでは既婚者に限定して、横軸に本人の年収を、縦軸に本人以外の年収をとってある。縦軸と横軸の交差するところに該当する女性が多いほど色が濃く表示される。女性の収入が世帯所得の平等化をもたらしているとすれば左上から右下に向けて分布するはずである。逆に世帯所得の不平等化をもたらしているならば左下から右上に向けて分布することになる。

図3-1-5a　パート・アルバイト

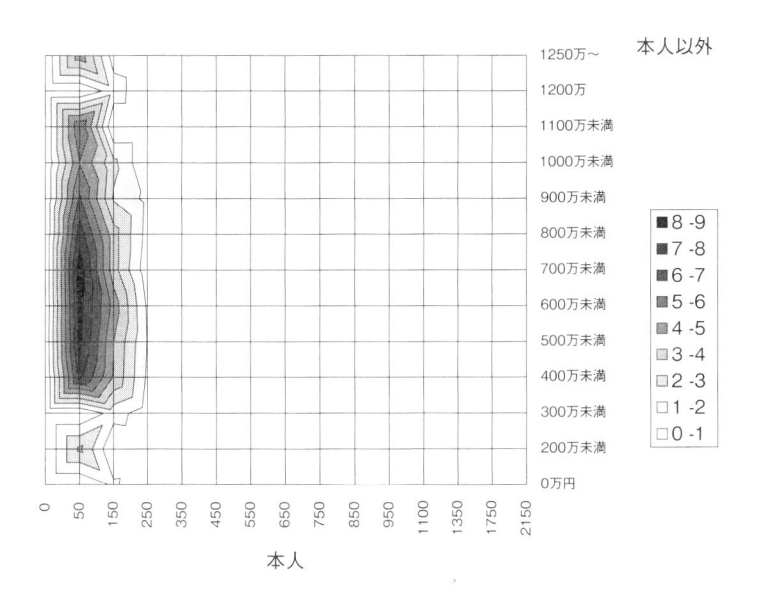

まず、女性雇用労働者の4割を占めるパート・アルバイトからみていこう（図3-1-5a）。横軸の分布から、パート・アルバイトでは年収250万円程度が限界であることがわかる。また、色が最も濃い、すなわち最も分布の多い本人年収は40万円から80万円程度で、これが縦に細長く延びている点が着目される。この部分は、本人以外の年収が400万円弱から800万円近いところまで延びている。つまり、ほとんどは夫の収入と考えられる本人以外の年収が400万円であっても800万円であっても、妻の収入はほぼ一定であるということになる。

　このことは、妻がパート・アルバイトで働いている場合には、その収入は世帯所得の平等化／不平等化のいずれの効果ももたな

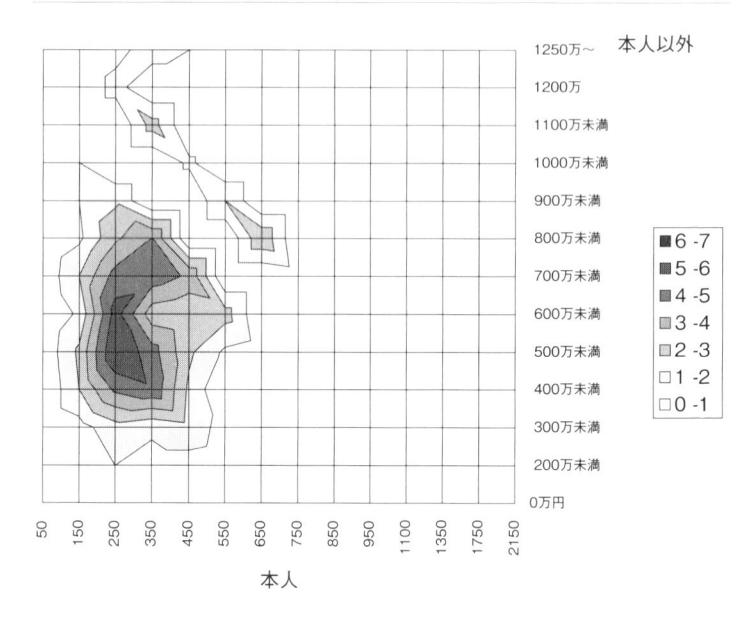

図3-1-5b　正社員

98

いことを意味している。なお、きわめて小さな部分だが、本人以外の年収が1200万円を超える部分では、右下がりの分布をみることができる。この部分では、夫の収入が多ければ、パートで働く妻が収入を減らす傾向があるのかもしれない。

　次に正社員についてみていこう（図3-1-5b）。正社員では女性本人の年収が700万円程度まで分布している。とはいえ、最も色が濃い部分は、本人年収が300万円前後で、本人以外の年収が450万円から650万円程度である。世帯年収として750万円から950万円程度となる。それに次いで色が濃い部分は、本人年収が200万円から400万円で、本人以外の年収が350万円から800万円程度となっている。この部分では、世帯年収は550万円程度から1200万円程度と、かなり幅がある。妻が正社員で働いているといっても、世帯年収は500万円をようやく上回る程度の世帯もあれば、1200万円程度に達している世帯もあり、妻の収入の重要度は、それぞれ異なっている。

　図3-1-5aと図3-1-5bを比較してみると、正社員では、パート・アルバイトとは異なって、本人以外の年収が800万円を超える世帯は、ごくわずかであることがわかる。その意味では、本人以外の年収が少ないから正社員として働いているとも考えることができる。その結果、パート・アルバイトよりも高い年収になっているのであり、部分的には、ダグラス＝有沢の法則が成立しているとみなすこともできる。

　けれども、もう一度、図3-1-5bに戻って、正社員の内部に着目すると、本人以外の年収が600万円の水準を境界として、分布の形状が異なっていることがわかる。600万円未満では右下に向かって分布が延びているのに対して、600万円から800万円まで

の範囲では、逆に右上に向かって分布が伸びている。すなわち、夫の年収が600万円未満の家庭では妻が正社員として働くことによって世帯所得が平等化しているが、夫の年収が600万円から800万円になると正社員で働く妻の収入は世帯所得の不平等化を進める効果を持っていることになる。ただし、その分布の右上には、右下に向かって延びる薄い分布があり、人数は少ないものの、夫の年収が700万円以上あって、正社員で働く妻の収入が世帯所得の平等化の効果を持つ世帯も存在することがわかる。

したがって、正社員女性については、さきにみた村上(2001)・尾嶋(2003)は、いずれも正しいことになる。2000年代の大都市部では、妻の収入が平等化に働く世帯と不平等化に働く世帯の両方が混在しているといえる。正社員で働く既婚女性の収入は、おもに夫の年収600万円を境界として、世帯所得の平等化／不平等化の両方の効果をもつ。右上に延びる分布がさらに広がれば、世帯所得の格差は拡大する可能性があるだろう。

2 女性たちの職場環境

前節では、女性たちの就業形態と本人および世帯の収入状況から、大都市で働くビジネス・ウーマンがどのような働きかたをしているのか概観した。

働く女性の約40％がパート・アルバイトとして働いており、2006年では18％が契約社員・派遣社員である。正社員は半数以下の40％程度にすぎない。正社員であっても平均的な賃金年収は

350万円程度であり、契約社員・派遣社員では200万円台前半、パート・アルバイトでは100万円程度と、大半の働く女性は経済的な自立が困難な状況にあるといえる。もちろん、正社員女性では夫婦共に高収入であるケースもみられるが、これは少数派である。正社員で働く既婚者は、基本的には夫の収入が少ないので働いているといえるだろう。パート・アルバイトで働く女性の場合は、夫の年収によって、必要不可欠な家計補助になっていたり、女性本人の小遣いになっていたり、さまざまなケースがあると想定される。

ところで、労働について多くの研究を残している熊沢誠は、日本の女性労働には、「短い勤続」「定型的または補助的な仕事」「低賃金」という＜三位一体＞の仕組みがあり、その背景には社会的・文化的な性差別、すなわちジェンダーによる性差別が存在することを指摘している（熊沢、2000）。

ここで利用している調査データは、このような職場のジェンダー差別を主要なテーマとしたものではないので、この点について深く検討することはできない。だが、限られたデータであっても、女性たちが置かれている職場環境がどのようなものであるかを、みておく必要がある。ここでは、必要に応じて、男性との比較を加えつつ、分析を進めていこう。

1 女性たちの職種

繰り返しになるが、男性と異なり、女性では正社員以外の働きかたをしているケースが多い。当然のことながら就業形態と職種は深く関連している。正社員でなければ管理職になるのは困難であるし、契約社員や派遣社員は事務職をおもな職種とする。また、

図3-2-1 女性の就業形態と職種

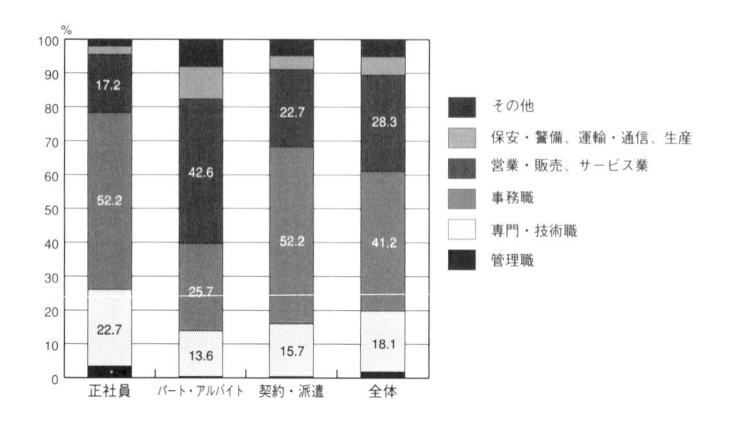

凡例:
- その他
- 保安・警備、運輸・通信、生産
- 営業・販売、サービス業
- 事務職
- 専門・技術職
- 管理職

正社員: 22.7、52.2、17.2
パート・アルバイト: 13.6、25.7、42.6
契約・派遣: 15.7、52.2、22.7
全体: 18.1、41.2、28.3

よく知られているように、パート・アルバイトでは販売職が多い。

　まず、働く女性の全国的な職業分布を総務省統計局の「労働力調査」(2005年)から確認しておこう。最も多いのが事務職で28.9％、次いで生産工程・労務作業者19.0％、専門的・技術的職業が16.4％、保安・サービス職16.2％、販売13.0％などとなっている。管理職は0.7％にすぎない[2]。

　私たちのデータは大都市で働く女性のものなので、全国の状況とは、やや異なっている。また、職業の種類も「労働力調査」とは異なる分類を使っているため、直接、比較することは難しいが、全国の状況を参考にしつつ、データをみていくことにしたい。図3-2-1に就業形態別に職種の分布を示した。調査年による変動はほとんどないので、ここでは5年間のデータをまとめて示してある。

2　ただし、45歳以上の女性に限定すれば、管理職は1.2％まで増加する。なお、参考までに男性の管理職比率をみると、男性全体では4.6％、45歳以上男性では7.9％となっている。

最初に、全体についてみてみよう。管理職は1.8％で、全国的な傾向よりはやや高くなっている。最も多い事務職は41.2％、営業・販売・サービス職28.3％、専門・技術職18.1％で、保安・警備・運輸・通信・生産工程などは5.6％にすぎない。大都市部の傾向だろう。

　それでは、就業形態別にみるとどうだろうか。正社員についてみると、3.4％が管理職に就いており、全国的な数値からみれば、かなり多いことがわかる。半数近い52.2％が事務職、次いで専門・技術職が22.7％、営業・販売・サービス職が17.2％となっている。

　さきにも少しふれたが、正社員の平均年齢は2002年から2006年にかけて、35.5歳から37.0歳に上昇した。そのうち管理職の平均年齢は45.5歳で、やはり長年にわたって働き続けた女性が管理職に昇進していると考えられる。管理職と比較すると、他の職種の平均年齢は相対的に若い。専門・技術職33.4歳、事務職36.7歳、営業・販売・サービス職35.0歳で、専門・技術職が最も若い。

　図3-2-1に戻ることにしよう。正社員や契約社員・派遣社員と比べると、パート・アルバイトでは職種の分布が大きく異なる。最も多いのは営業・販売・サービス職で42.6％、次いで事務職25.7％、専門・技術職が13.6％である。パート・アルバイトでは、製造工程に従事したり、それ以外の職種に就いていたりする比率も、他の就業形態と比べると、高くなっている。

　パート・アルバイトの平均年齢は42.0歳と、他の就業形態よりも高くなっていた。職種による違いはあるのだろうか。専門・技術職41.9歳、事務職42.7歳、最も平均年齢の若い営業・販売・サービス職が39.7歳、逆に最も平均年齢の高い保安・警備・運

輸・通信・生産工程が45.7歳である。同じパート・アルバイトといっても、年齢によって職種が異なっていることがわかる。

再び図3-2-1に戻り、契約社員・派遣社員の職種分布をみてみよう。契約社員・派遣社員と正社員の職種分布は似通っており、やはり52.2％が事務職、次いで営業・販売・サービス職が22.7％、専門・技術職が15.7％である。この両者の違いは、契約社員・派遣社員で管理職がほとんど皆無に近いことと、事務職と営業・販売・サービス職の順位が逆転している点にある。

契約社員・派遣社員の平均年齢は37.1歳であったが、職種別にみると、専門・技術職39.5歳、事務職35.3歳、営業・販売・サービス職38.5歳となっている。正社員とは対照的に専門・技術職の平均年齢が最も高い。以下でみるように、女性であっても、正社員である限り、残業を免れるわけにはいかない。結婚・出産を考えれば、女性にとって30歳代前半は、正社員として働き続けるか、専業主婦になるか、正社員ではない働きかたに移行するかを決断する時期である。実際、「労働力調査」をみても、30歳代前半がM字カーブの谷底になっており、働く女性の比率が最も低くなっている。正社員をいったん退職した専門・技術職の女性が、その技術をいかして、契約社員・派遣社員として働く傾向が生じているのかもしれない。

ここでみてきた図3-2-1は、就業形態別に職種の分布を示したものであるが、少し視点を変えて、それぞれの職業がどのような就業形態の女性たちに担われているかについてもみておこう。図表は省略したが、事務職で働く女性の30％、営業・販売・サービス職で働いている女性の60％、保安・警備・運輸・通信・生産工程で働く女性の69％がパート・アルバイトであることがわかる。

第3章 働く女性の二極化

大都市部では、全国と比較して、生産工程などで働いている女性は少ないが、その過半数がパート・アルバイトであるということになる。

　出産・育児の時期をはさんで再び就職しようとするとき、パート・アルバイトという就業形態を選択する女性は多い。パート・アルバイトが重要な役割を果たしている職種は、正社員や契約社員・派遣社員とは異なっている。結婚前に就いていた職種の経験がいかせるとは限らない。この点を理解しておく必要があるだろう。

2 女性たちの労働時間

　労働時間についてみてみよう。労働時間について質問しているのは2005年と2006年のみであるので、この時期の労働時間をみることになる。

　一週間の平均的な労働時間を図3-2-2に示した。正社員では労

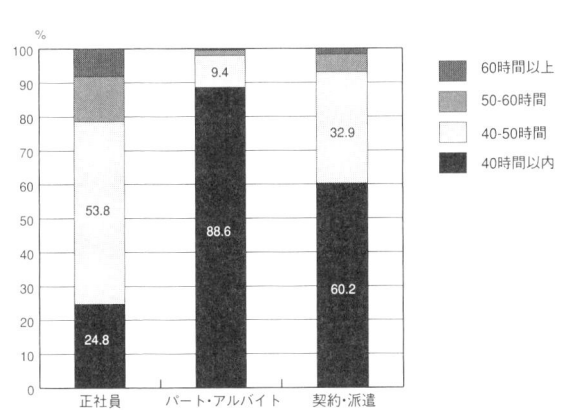

図3-2-2　女性雇用労働者の週平均労働時間

105

働時間が40時間以内にとどまっている比率は25％程度で、40時間より長いが50時間未満にとどまっているのが53.8％である。正社員女性では、週平均10時間以上の残業が一般的になっているといえるだろう。50時間以上60時間は13.3％、60時間以上も8.1％にのぼる。

パート・アルバイトでは40時間以内がほぼ90％にのぼる。9.4％は40時間をこえるが、50時間未満におさまっている。正社員とパート・アルバイトとの中間に位置するのが契約社員・派遣社員である。40時間以内が約60％、40時間より長く50時間未満が32.9％である。50時間をこえる契約社員・派遣社員は6.7％と少ない。

こうした就業形態による労働時間の違いは、「残業や休日出勤をしないと仕事が終わらない」に「当てはまる」「どちらかというと当てはまる」と回答した比率の違いにもあらわれている。

図3-2-3に示したように、残業や休日出勤が日常化しているの

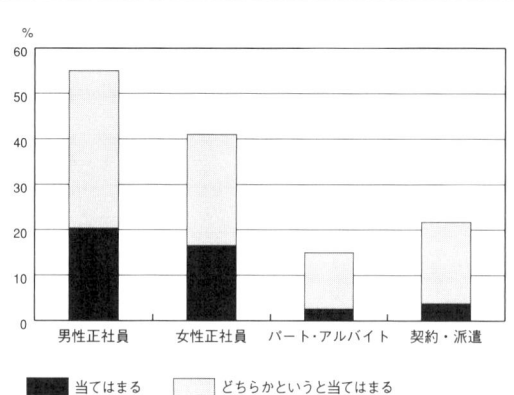

図3-2-3 「残業や休日出勤をしないと仕事が終わらない」

は男性正社員で最も多く50％をこえるが、女性正社員でも40％以上が「当てはまる」「どちらかというと当てはまる」と回答している。実は、「当てはまる」の比率は男性と女性で、それほど大きな違いはない。「どちらかというと当てはまる」の違いが男女の違いとなっていることがわかる。正社員と比較すると、他の就業形態では残業や休日出勤が日常化している比率は低い。

残業や休日出勤が日常化すると、さまざまな問題が生じてくる。最大の問題は、仕事以外のことをする時間がなくなることである。家事や育児、余暇活動にしわ寄せがくるだけでなく、十分な睡眠時間がとれないため疲労が蓄積し、健康を害することもある。

仕事以外の時間については第3節で扱うので、ここでは「自己啓発に取り組む時間的な余裕がある」と「精神的に過度なストレスがない」の2つの項目についてみておくことにしたい。

まず「自己啓発に取り組む時間的な余裕がある」に対して「当てはまる」「どちらかというと当てはまる」とする比率が、就業形態によってどのような違いがあるかをみてみよう。正社員では「当てはまる」9.2％、「どちらかというと当てはまる」28.2％で、計37.4％となる。同様に、パート・アルバイトでは、11.4％と33.9％の計45.3％が、契約社員・派遣社員では9.3％と33.3％の42.6％が「当てはまる」「どちらかというと当てはまる」と回答している。「当てはまる」の比率は、パート・アルバイト＞契約社員・派遣社員＞正社員となっており、労働時間の長さと逆の関係になっていることがわかる。

正社員の内部に限ってみても、週平均労働時間が45時間未満では11.5％と32.4％の計43.9％が「当てはまる」「どちらかというと当てはまる」としており、パート・アルバイトとほぼ同じ比率

になる。それに対して、労働時間が45時間以上になると、「当てはまる」は8％、「どちらかというと当てはまる」は18％と、急激に減少する。自己啓発に取り組む時間的な余裕の有無は、週平均の労働時間が45時間程度を境界にしているようである。

　なお、男性正社員の自己啓発時間についてみると、「当てはまる」5.6％、「どちらかというと当てはまる」29.5％、計35.1％で女性正社員よりもやや低い。労働時間の長さが影響していると考えられる。

　次に「精神的に過度なストレスがない」についてみていこう。「当てはまる」「どちらかというと当てはまる」と回答した比率を就業形態別にみると、正社員では9.2％と28.2％の計37.4％となっている。これは、逆にいえば、60％以上の女性正社員が過度なストレスを感じていることを意味する。一方、パート・アルバイトでは17.0％と43.9％の計60.9％が、契約社員・派遣社員では13.7％と34.6％の計48.3％が、過度なストレスを感じていないと回答している。正社員ほどではないが、契約社員・派遣社員もかなりのストレスにさらされているといえるだろう。

　正社員について、ストレスと労働時間の関係をみたところ、やはり労働時間が長いほどストレスが強い傾向にあった。週平均労働時間が45時間未満では「当てはまる」12.3％、「どちらかというと当てはまる」35.5％で、計47.8％が過度なストレスを感じていない。一方、45時間以上になると、それぞれ4.0％と27.0％で、過度なストレスを感じていない比率は計31.0％にとどまる。

　「仕事に働きがいを感じている」に対して「当てはまる」「どちらかというと当てはまる」と回答した比率は、就業形態による違いがほとんどみられない。正社員が17.4％と49.7％の計64.4％、

パート・アルバイトは17.7％と51.8％の計69.5％、契約社員・派遣社員が16.2％と44.6％の計60.8％である。けれども、就業形態が異なれば仕事上の責任も異なる。他の就業形態と比較すれば、正社員は責任の重い仕事をしているだろう。そのため就業形態によってストレスを感じている比率が異なると考えられる。

ただし、データからは、同じ正社員であっても、労働時間が長くなるほどストレスを強く感じていることがうかがわれる。自己啓発の時間的余裕と同様に、平均的な労働時間が週45時間以上になると、ストレスは格段に高まるようである。

男性正社員のストレスについてみると、女性正社員とほぼ同じ分布となっている。正社員で働いている女性は、男性よりも多少労働時間は短いものの、ほとんど同じだけのストレスを感じていることになる。

3 転職意向と仕事上の不安

ここまでみてきたように、ひとくちに「働く女性」といっても、就業形態によって、さまざまな条件の違いがある。これらの条件に対して、女性たちはどのように感じているのだろうか。その感じかたの指標としては、いくつか考えられるが、ここでは、そのうち「今の勤め先を変わりたいと思うかどうか」という転職意向と「勤め先での仕事や労働条件低下に対する不安」について、2002年からの変化についてみていくことにしよう。

図3-2-4には「勤め先を変わりたいと思う」比率を就業形態別・調査年別に示した。総じて、契約社員・派遣社員で転職意向が高くみられる。例外的に、図3-1-4でみた契約社員・派遣社員の年収が上昇した2003年には低くなっているが、それ以外の年で

図3-2-4 転職意向（「勤め先を変わりたいと思う」の比率）

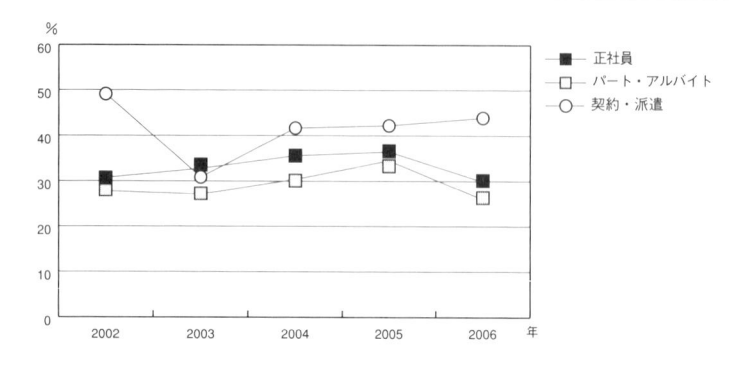

は、どの調査でも契約社員・派遣社員の転職意向が最も高い。

契約社員・派遣社員とは対照的に、5年間を通じて転職意向が最も低いのはパート・アルバイトである。本人の収入は少なくても世帯収入が高い世帯が多く含まれており、労働時間が短く家庭との両立ができることから現在の職場に満足し、転職意向が低くなっているのかもしれない。また、景気が回復してきた2006年では契約社員・派遣社員を除いて転職意向が低くなっている。

ただし、注意しなければならないのは、転職の意向が、必ずしも現在の職場における仕事上の不安とは連動していない点である。一般には、勤務先での仕事や労働条件の低下について不安に感じていれば転職を考えるのだろうが、私たちのデータからは、もう少し複雑な様相がみえてくる。図3-2-5は、こうした不安を「かなり感じる」「やや感じる」と回答した比率を、就業形態別・調査年別に示したものである。2006年の調査では、この質問を尋ねていないので、4年間の推移をみることになる。

図3-2-4でみたように、転職意向が最も高かった契約社員・派

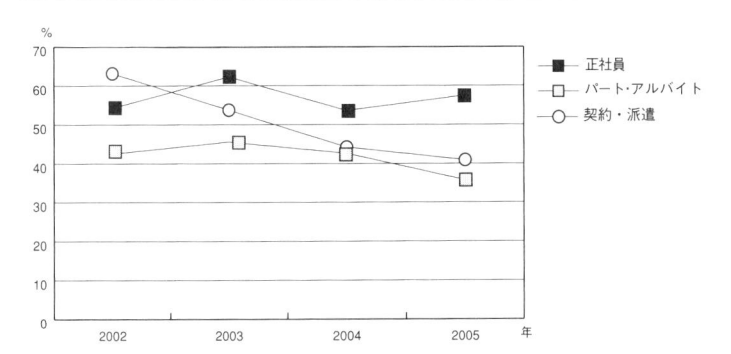

図3-2-5 仕事上の不安（「かなり感じる」と「やや感じる」の比率の合計）

遣社員の不安は、実は一貫して低下傾向にある。もちろん、2002年当時は契約社員や派遣社員といった働きかたはまだ新しく、キャリアの先行きがみえないなど不安が強かったとも考えられるが、こうした働きかたが定着するにつれて、仕事上の不安は低下していったことがうかがえる。それにもかかわらず転職意向が高いのは、仕事の内容や派遣先企業における処遇などに不満があるのだろうか。

一方、図3-2-4の正社員では転職意向が契約社員・派遣社員を下回る水準で、ほとんど変化せずに推移していたが、仕事上の不安に着目すると、2002年を除いて契約社員・派遣社員よりも高い比率で不安を感じている。他の就業形態と比べれば雇用が安定しており、賃金水準も高い正社員で仕事上の不安が高いのはなぜだろうか。正社員のストレスの高さは、責任の重さだけでなく、不安からくるところもあると考えられる。

永井（2004）は、家計経済研究所のパネル調査データの分析から、多くの女性が生活上の不安を抱えていることを指摘している。

対象者が子育て期にあることから、とくに教育に対する不安が強いが、全体的に「慢性化した不安を生きる女性たち、その不安に耐える女性たちの像」が浮かび上がってきたと結んでいる。ここでも仕事上の不安を抱える女性が多いことが明らかになった。働くことで経済的に安定していても、現代の社会にはさまざまな不安の種が存在する。せめて働くことについては安心したいというのが、女性たちの本音ではないだろうか。

3 働く女性のワーク・ライフ・バランス

　本節では、2005年および2006年のデータをもちいて、女性たちのワーク・ライフ・バランスをみていくことにしよう。すでに図3-2-2でみたように、正社員の女性では週10時間程度の残業は一般的であり、それ以上の長時間労働をしている正社員女性も20％をこえる。ここでの問題関心は、こうした状況のなかで、女性たちはどのような生活を送り、ワーク・ライフ・バランスについて、どのように考えているのかという点にある。

　実際、「仕事と生活のバランスが適度にとれる」に対して「当てはまる」と回答した女性は正社員では13.8％、パート・アルバイトで28.1％、契約社員・派遣社員では22.5％で、残業が日常化している正社員女性では際立って低くなっている。そのため、正社員女性の57.1％、契約社員・派遣社員の36.7％、パート・アルバイトの20.3％が仕事時間を減らしたいと回答している（図3-3-1）。

第3章　働く女性の二極化

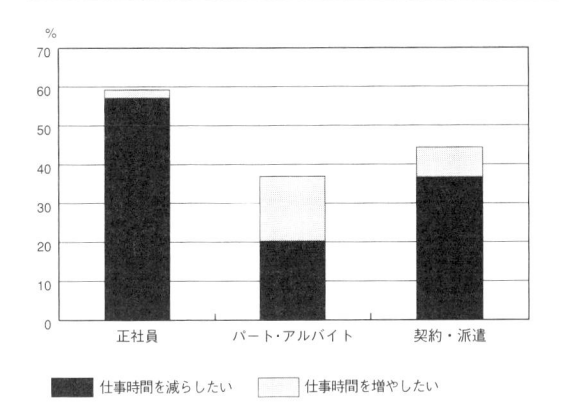

図3-3-1　仕事時間の増減意向

■ 仕事時間を減らしたい　　□ 仕事時間を増やしたい

労働時間の犠牲になっているのは、どのような活動なのか、そして働く女性たちは、どのような活動を増やしたいと考えているのだろうか。

1 一日の時間配分

平日1日あたりの時間配分は、就業形態によって、どのように異なっているのだろうか。睡眠時間・仕事時間・家事時間・通勤時間のそれぞれについてみていこう。

図3-3-2に示したように、正社員女性の平日の仕事時間はパート・アルバイトよりも約3時間、契約社員・派遣社員よりも2時間ほど長い。けれども、睡眠時間を削って家事時間にあてているというわけではない。どの就業形態でも睡眠時間は6時間程度になっている。男性の睡眠時間をみてみると、正社員6.0時間、パート・アルバイト6.8時間、契約社員・派遣社員6.2時間となっている。男性のパート・アルバイトや契約社員・派遣社員は少数

113

だが、正社員以外の就業形態では睡眠時間が長くなる傾向がみられる。男性も女性も60歳未満について分析をおこなっているので、定年後の影響とは考えられない。就業形態による睡眠時間の違いがみられない点が、働く女性の特徴のひとつといえるだろう。

就業形態によって異なるのは、家事に関連した時間である。仕事時間だけでなく、正社員と契約社員・派遣社員では通勤時間がパート・アルバイトよりも30分ほど長いためもあって、正社員女性の家事時間はパート・アルバイトよりも約2時間、契約社員・派遣社員よりも1時間弱、短くなっている。

女性とは対照的に、男性では、就業形態によって家事に関連した時間が異なる傾向がみられない。それぞれの家事関連時間は、正社員1.0時間、パート・アルバイト1.3時間、契約社員・派遣社員0.9時間である。就業形態による仕事時間の長短によって、男性は睡眠時間を、女性は家事時間を調整していることがわかる。

やや古いデータになるが、参考として、1993年にNHK放送文化研究所のグループが実施した生活時間の国際比較調査のデータを分析した矢野(1995)をみておこう。日本・カナダ・アメリカ・イギリス・デンマーク・オランダ・フィンランドの7カ国のうち、男女の家事時間の差が最も大きいのは日本で、女性は男性よりも1日あたり4時間10分長く家事に時間を費やしているという。この調査では、日本の男性の家事時間の少なさは国際的にみても際立っており、他の6カ国の男性が週あたり11時間から15時間の家事をしているのに対して、わずかに3時間半程度である。

この生活時間調査のデータと比較すると、私たちのデータでは、女性の家事時間は短く、男性の家事時間は長い。その差をみても、正社員同士の夫婦であれば、家事時間の男女差は1.3時間程度に

第3章 働く女性の二極化

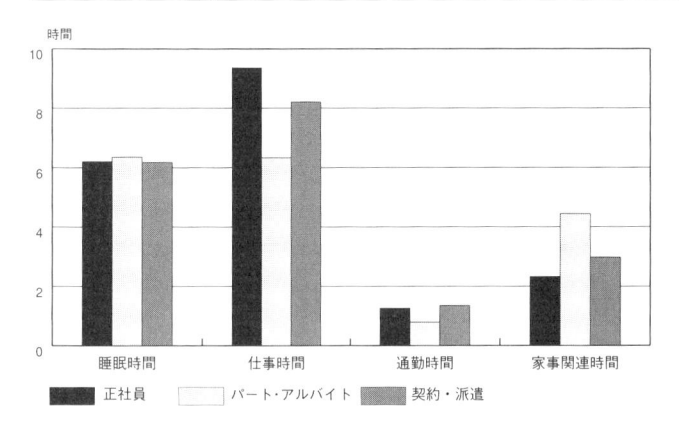

図3-3-2　1日の時間配分

とどまっている。正社員男性とパート・アルバイト女性の夫婦であっても、3.4時間の差である。NHKのデータは専業主婦も含まれており、週末や休日を含めた1週間あたりの時間を7で割って1日あたりの時間を算出している。また調査方法もタイム・バジェットあるいはタイム・ダイアリーと呼ばれる調査方法をもちいており、結果が異なることはやむをえない。だが、うえでふれた男女による時間配分の不平等は、大都市で働く女性たちについては、改善されてきたのではないだろうか。

　もちろん、女性正社員の仕事時間と家事時間を合計すれば、男性正社員の仕事時間10.7時間を上回る。その意味では、矢野の指摘した女性の家事と仕事の二重負担の状況は変わっていない。さらにいえば、女性の家事時間の減少は、男性の協力によるものというよりは、長時間労働のために家事を断念したためであるのかもしれない。それでも、少しずつ男女の家事時間が近づいてきていることは、一定の評価ができるのではないだろうか。

2 就業形態による家事頻度の違い

　図3-2-2では、女性の就業形態によって家事時間が異なることをみたが、時間の違いは家事の内容に関連していると考えることができる。家事時間の短い正社員女性は、どのような家事を省略しているのだろうか。

　図3-3-3には、4つの家事項目について「ほとんど毎日する」と回答した比率を就業形態別に示した。いずれの家事においても、正社員女性の比率が最も低くなっている。仕事時間に追われて十分に家事時間がとれない正社員では、日によっておこなう家事を変えているのかもしれない。それでも、食事だけは毎日のことである。食事を作ったり後かたづけをしたりは、正社員女性の80％近くが「ほとんど毎日」おこなっている。

　毎日、平均1時間強の残業が日常的になっている正社員女性では、帰り道に慌しく買い物をして帰宅し、食事を作って食べて後かたづけをすれば、あっというまに就寝時刻になってしまう。結局、平日の家事時間のほとんどは台所に立っている時間で占められてしまうことになる。このような事情を背景として、正社員女性が最後まで後回しにするのが部屋の掃除である。一方、労働時間が最も短いパート・アルバイトでは、部屋の掃除を除いた3項目で「ほとんど毎日」する比率が最も高い。

　当然、予想されることであるが、男性では、どのような家事をするかについて、就業形態による違いはみられない。「ほとんど毎日」おこなうとする比率が最も高いのは「ゴミだし」であるが、12.5％にすぎない。ゴミだしは、女性の場合、就業形態による頻度の違いがみられない家事である。正社員31.9％、パート・アルバイト37.8％、契約社員・派遣社員44.0％が「ほとんど毎日」お

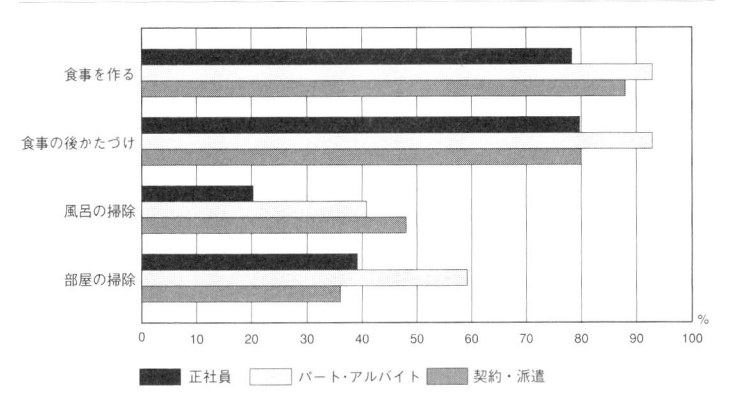

図3-3-3 「ほとんど毎日」している家事

こなっている。

　前掲の矢野（1995）は、日本の男性がおこなう家事は、庭や住宅の手入れや力仕事など「家庭の雑事」が中心で、料理や掃除・洗濯などの家事は、ほとんど女性がおこなっていることを明らかにしている。私たちのデータでも、毎日欠かせない食事についての協力は少ない。正社員男性で「ほとんど毎日」食事を作っているのは3.3％、「週3～4回」が2.6％、「週1～2回」でも9.6％である。34.7％が「ほとんどしない」、32.0％が「全くしない」と回答している。

　ゴミだしの他に男性の協力が得られている家事は、食事の後かたづけである。正社員の男性でも10.9％が「ほとんど毎日」おこなっており、「週3～4回」が11.2％、「週1～2回」が14.9％となっている。とはいえ、半数近い男性が「ほとんどしない」「全くしない」としており、台所での男性の協力はまだまだ不十分である。男性の家事時間は量的には増えたようだが、その内容は、や

はり「家庭の雑事」が中心になっているのかもしれない。

3 どんな活動を増やしたいか

　ここまでみてきたように、働く女性の毎日は多忙である。限られた時間のなかで、やりたいことはいろいろあっても、なかなか実現できないことが多いだろう。2006年の調査では、さまざまな活動について、1日の時間配分のなかで、どのような活動に費やす時間を増やしたいのかを尋ねている。ここでは、働く女性たちが時間を増やしたいと感じている活動をみることによって、彼女たちが実現したいと思っているライフスタイルについて考えてみたい。

　図3-3-4は、11の活動について、「増やしたい」「今のままでよい」「減らしたい」の3つのうち、「増やしたい」を選択した比率を、就業形態別に示したものである。ここでは、正社員女性が増やしたいとする比率の高い順に、活動を並べてある。

　他の就業形態よりも労働時間の長い正社員の女性が最も増やしたいのは、趣味・スポーツの時間である。82％が「増やしたい」と回答している。次いで休息・くつろぎの時間の76％、友人・知人と過ごす時間が68％、家族・恋人と過ごす時間が63％、自己啓発の時間が51％となっている。以上の上位5つの活動が、正社員女性の半数以上が増やしたいと考えている活動である。これらの活動は、いずれも余暇活動に分類することができる。

　上位5つの活動の順位は、パート・アルバイトでも契約社員・派遣社員でも共通である。ただし、パート・アルバイトと契約社員・派遣社員では対照的である。どの余暇活動についても、「増やしたい」と回答している比率が、パート・アルバイトでは正社員

第3章　働く女性の二極化

よりも低いのに対して、契約社員・派遣社員では、逆に正社員を上回っている。

パート・アルバイトでは、比較的、時間にゆとりがあることから、すでにさまざまな余暇活動を実際におこなっているのかもし

図3-3-4　増やしたい活動時間

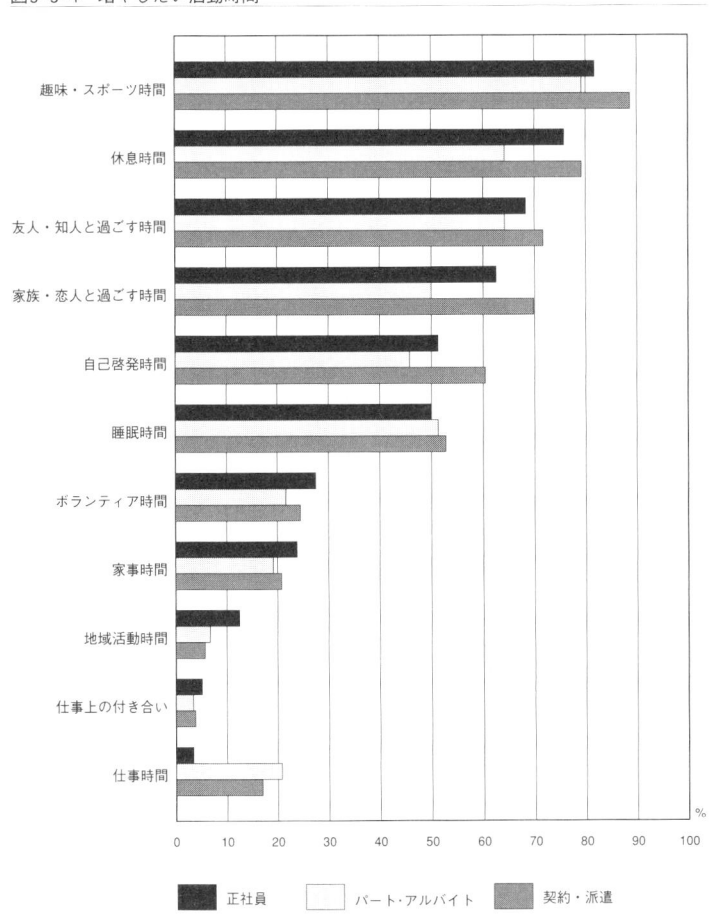

れない。そのため、余暇活動に対する渇望のようなものが正社員よりも少なく、そのことが「増やしたい」とする比率を低くしていると考えれば、一応の解釈は可能だろう。

けれども、時間的な余裕だけでは、上位5つの余暇活動について、契約社員・派遣社員で正社員よりも「増やしたい」とする比率が高いことは説明できない。なぜ、契約社員・派遣社員ではさまざまな余暇活動に対して、正社員以上に意欲的なのだろうか。

佐藤（2004）では、JGSS-2002のデータをもちいて、「時間的自由」「仕事の独立性」「家庭との両立」を重視する一方で、「高収入」「雇用の安定」「昇進機会」をそれほど重視していない人々がパート・アルバイトという働きかたを選択している可能性を指摘した。派遣社員も、パート・アルバイトほど明確ではないが、似た傾向がある。このことを考慮すれば、次のようなことが考えられるのではないだろうか。

契約社員・派遣社員で働いている女性は、もともと、仕事以外の活動に対して意欲的であり、というよりもむしろ、仕事以外の活動をおこなう時間を確保するために、原則として残業のない契約社員・派遣社員という就業形態を選んでいるのではないだろうか。だが、現実には、図3-2-2でみたように、週平均労働時間が40時間以内におさまっている契約社員・派遣社員は6割にとどまる。4割は残業をしており、図3-2-3に示したように残業や休日出勤をしないと仕事が終わらない人も少なくない。さらに、契約社員・派遣社員の女性は平日、平均3時間の家事をおこなっている。これでは、働き始めた当初に計画していたような仕事と充実した余暇活動を両立させるライフスタイルを実現することはできない。「こんなはずではなかったのに・・・」という思いが、契約社員・

派遣社員の余暇活動への意欲としてあらわれているのではないか。

　前掲の矢野（1995）では、18の余暇活動のうち「テレビ」「新聞」「個人的つきあい」「家族との対話」「休息」の5つの活動は、そのうちの1つは誰もが日常的におこなっていることから、コアな余暇活動であると位置づけ、その他の13の活動を「選択的余暇活動」と名づけている。この2種類の余暇活動については、労働時間が長くなると、余暇活動がコア活動のみになり、選択的余暇活動がおこなわれなくなる傾向が明らかにされている。とくに、1日の労働時間が11時間半をこえるグループでは、その8割が選択的余暇をまったくおこなっていない。ここから、平日に選択的余暇を楽しむためには労働時間を9時間程度にとどめる必要があることが指摘されている。

　私たちのデータでみた5つの余暇活動のうち、3つは、矢野によるコアな余暇活動であり、2つが選択的余暇活動である。女性たちは、友人・知人との個人的な付き合いや、家族・恋人と過ごす時間、休息やくつろぎといったコアな余暇活動も、十分におこなえていないと感じているのだろう。ましてや、趣味やスポーツ、自己啓発のような選択的余暇活動の時間は、まったく不足している。

　女性たちが、家族・恋人と過ごす時間が不足していると感じている背景にあるのは、女性たち自身の時間的制約だけではないだろう。これは相手のある問題であり、家族、とくに夫や、恋人が長時間労働であれば、必然的に一緒に過ごす時間が短くなる。女性たち自身の働きすぎを修正するだけでなく、家族や恋人の働きすぎも修正したいというのが本音なのではないか。

　さきにみたように、多くの働く女性の平日は、1時間程度の残

業をして、買い物をして帰宅し、急いで食事を作って、食べて片づけ、入浴したらすぐに就寝というリズムになっている。子育て期であれば、さらに忙しい。その具体的な例は、たとえば前掲の熊沢（2000）などにみることができる。こうした毎日のなかでは、仕事以外で会話をするのは家族だけということも少なくないだろう。そうであればなおさら、せめて家族との会話を楽しみたいと思うのが人情である。週末や休日にまとめて会話をすればよいというものではない。会話が楽しめる家族であるためには、日常のささやかな出来事を話題にできる平日の会話が重要なのではないだろうか。

　上位5つの余暇活動と比較すると、家事時間を「増やしたい」とする女性は少ない。家事時間が最も少ない正社員女性では28.3％が増やしたいと回答しており、他の就業形態よりも多いが、それでも4人に1人程度である。毎日、部屋の掃除をしなくても、実は、生活には特段の支障はない。そのことを実感しているのだろう。完璧にやろうとすればきりのない家事の時間よりも、生活を充実させるためには余暇活動の時間を増やしたいと、女性たちは選択しているかのようである。

＜参考文献＞
大竹文雄　「90年代の収入格差」『日本労働研究雑誌』480号、2-11、2000。
大竹文雄　『日本の不平等　格差社会の幻想と未来』日本経済新聞社、2005。
尾嶋史章　「世帯における夫収入と妻収入──収入からみた妻収入の意味」科学研究費補助金基盤（C）研究成果報告書『女性の社会進出と改造構造に関する計量社会学的研究』、1-20、2003。
金子優子編著　『西の牛肉、東の豚肉　家計簿から見た日本の消費』日本評論社、

2007。

熊沢誠　『女性労働と企業社会』岩波書店、2000。

佐藤香　「JGSS-2002にみる働きかたの多様化・雇用条件・職業観」『JGSS論文集〔3〕　JGSSで見た日本人の意識と行動』、109-120、2004。

武石恵美子　『雇用システムと女性のキャリア』勁草書房、2006。

永井暁子　「不安を糧に生きる女性たち」樋口美雄・太田清編『女性たちの平成不況』日本経済新聞社、2004。

村上あかね　「九〇年代における既婚女性の就業と収入格差」『ソシオロジ』第46巻2号、37-55、2001。

矢野眞和編著　『生活時間の社会学　社会の時間・個人の時間』東京大学出版会、1995。

大和礼子　「女性の労働市場再参入に関するコホート比較——家族と個人による調整から家族と産業による調整へ」岩井八郎編『1995年SSM調査市シリーズ13　ジェンダーとライフコース』1995年SSM調査研究会、1998。

メッセージ　働く女性たちへ：3つの望みをかなえよう

　働く女性たちには、大きく分けて3つの望みがある。第一は自分の仕事とそれに見合った収入であり、第二は家事や育児の責任を果たすこと、そして第三は自分自身のための余暇時間である。いわゆるキャリア・ウーマンといわれるような仕事を続けていくのなら、仕事以外の何かは犠牲にせざるを得ないというのが、少し前までの常識だった。というよりも、仕事も子どももというのは贅沢だ、その両立はスーパーウーマンだけに可能だと実感させられた女性も少なくないだろう。

　だが、私自身、働く女性の一人として、3つの望みを実現させたいというのは贅沢ではなく、ごく当たり前の望みだと思う。それを当たり前のこととして認識するところから始めたい。近頃、話題となっているワーク・ライフ・バランスも、当たり前の生活を取り戻したいという意識と関連しているはずだ。

　ライフスタイルに合わせた多様な働きかたが可能である社会が望ましいことは言うまでもない。だが、現在、正社員以外の働きかたを選択しているのが、ほとんど女性であるという事実には、問題はないだろうか。本来、男性でも女性でも、自分のライフスタイルに合わせた働きかたができるべきではないのか。その一つのかたちとして、キャリアを目指す働きかたがあってもよい。

　ここで重要なのは、ライフスタイルに合わせて正社員以外の働きかたを選択することが不安と表裏一体であってはならないということだろう。ライフスタイルに合わせることを優先したのだから雇用は不安定だということになってはならない。あるいは、差別ともいうべき低賃金の強要となってはならない。必要なのは、

男女ともライフスタイルに合わせて、安心して、誇りをもって働ける職場である。

　当たり前のことを当たり前に実現できる社会にしていくために、諦めていたことや我慢していたことを、自分に向かって、もう一度、「私はそれをかなえたい」と言ってみよう。少しずつでも周囲を変え、必要であれば自分自身も変えることができれば、社会もきっと変わっていくはずだ。

COLUMN 「103万円の壁・130万円の壁」

　パート・アルバイトで働く女性の多くが、年収100万円におさまるように調整している。そのため、本文でもみたように、パート・アルバイトの女性の収入は、夫の所得とは無関係な分布をしている。果たして、この調整は、ほんとうに合理的なのだろうか。経済産業省『男女共同参画に関する研究会』報告書（2001）の資料から考えてみよう。

　妻の年収が103万円をこえると配偶者手当が支給されなくなるため、世帯の実所得は年間12.1万円の減少となる。この減少分は、妻の年収が120万円をこえれば完全に相殺される。120万円まで年収を増やすには、時給1260円で働く妻であれば、年間で約158時間、月あたり13時間程度、労働時間を増加させればよい。

　妻の年収が130万円をこえると、夫の年金・健康保険から妻本人の年金・保険に移行しなければならない。国民年金・国民健康保険に移行すると仮定すると、移行による世帯の実所得の減少は18.5万円である。この減少分は、妻の年収が150万円になれば相殺され、150万円以上であれば世帯の実質所得は純増となる。時給1260円で税込み年収150万円を得るためには、年間で1190.5時間の労働時間が必要になる。これは、月あたり99時間、1日の労働時間を6時間とすれば、月に16.5日の勤務で可能になる。

　男性正社員であっても、失業のリスクが高まっている時代である。配偶者控除や夫の年金・健康保険が頼れない日が、いつやってきてもおかしくない。こうした時代にあっては、女性が自分の収入を増やし、さらに世帯収入を増やすことは、リスク管理の一環となる。

　パートで働く女性のみなさん、103万円の壁や130万円の壁をこえることを考えてみませんか。

第4章

男性の家事参加を進めるために
―家事が意味するもの―

永井暁子

Summery

　男性の家事参加の度合は極めて少ない。それには男性の働き方、働かされ方に問題がありそうだ。概して平日の仕事時間は長く、通勤時間を含めるとほぼ12時間を仕事に拘束されている。したがって、平日に家事を全く何も行わない男性は全体で27.3％を占め、特に40歳代以上でその割合が高く30％以上にものぼる。一方、20歳代、30歳代でまったく家事を行わない男性は20％に満たない。平日に家事をしない男性のほとんどは休日にも家事をしないし、休日に家事を4時間以上行っている男性は平日にも家事を行っている。このように、男性は家事をする人としない人に分かれる。

　男性が家事を行おうとする要因は、一人暮らしであること、共働きであることといったような家事の担い手の不足であり、幼い子どもがいることといったように家事（育児など含む）量の増加である。さらに、家事を行うことを可能にするのは、仕事時間（の短さ）とともに働き方（労働時間制など）である。

　結婚し子どもが生まれ家族を形成する時期にあたる30歳代男性は、仕事と生活のバランスを望んでいる者が他の年齢層よりも多いにもかかわらず、実態としては仕事時間も長い。全ての男性が必ずしも家事から逃げているわけではない。家事を行おうとする男性が家事を行うことを可能にすることは、仕事への満足へも結びつくであろうし、ひいては女性が働きやすい環境を作るだろう。

第4章 男性の家事参加を進めるために

1 まだまだ少ない男性の家事参加

1 官庁統計でみる男性の家事参加

　約20年前に修士論文作成のために家事分担についての調査を実施した。対象者を訪問すると決まって言われたのは、「だんなは家事なんてしないから調査しても無駄だよ」という言葉である。そのように言ってはいても多くの対象者は調査に協力してくださったが、その結果といえば、分析に困るほど対象者の夫は家事を行っていないというものだった。この頃、男女雇用機会均等法が施行され、女性総合職が注目されていたが、家庭の中では平等とは程遠い状況だった。その後、厚生労働省が父親の育児参加を推奨するなど、社会は徐々に変わりつつあるが、男性の家事（育児を含む）への参加は進んだのだろうか。

　まず、諸外国との比較をしてみよう。乳幼児のいる世帯の男性の家事関連時間は、アメリカで3.2時間、ドイツ3.0時間、フランス2.5時間、スウェーデン3.3時間、イギリス2.8時間であるのに対し、日本は0.8時間である[1]。つまり、日本の男性の家事参加は他国と比べて極めて少ないといえよう。

　本書で用いている勤労者短観は2001年から2007年にかけて行われたものである。この時期にはちょうど2回の生活時間調査、

1　日本のデータは総務省統計局「社会生活基本調査」（平成13年）、アメリカのデータはBureau of Labor Statistics, American Time Use Survey、その他の国のデータはInstitute for Social & Economic Research, Multinational Time Use Studyによる。日本の集計世帯は6歳未満の子どもがいる夫婦世帯、アメリカは6歳未満子どもがいる世帯(母子世帯・父子世帯含む)、その他は6歳以下の子どもがいるカップル世帯である。家事関連時間には、家事、育児、看護・介護が含まれる。

2001年と2006年の総務省統計局による社会生活基本調査が行なわれている。社会生活基本調査によると、男性の家事関連時間[2]に僅かな増加がみられる。2001年には平日は0.15時間つまり約9分、日曜は0.59時間（35.5分）であるのに対し、2006年には平日0.29時間（17.4分）、日曜1.12時間（67.2分）と、平日・日曜とも増加している。

ところで、「男性の家事参加」という表現の使用には否定的な考えをもつ者が少なくない。どういった理由かというと、家庭内で男性も当然負担すべき家事に対して、「参加」という言葉は不適切ではないかというものだ。しかし、上記のように男性の家事遂行が少ないという現実を鑑みて、あえて「参加」という言葉を用いる。では、男性勤労者の生活の中で家事がどのぐらい行なわれているのかをみていこう。

2 平日は仕事中心、休日は休息とちょっとだけ家事

2006年の第12回勤労者短観では生活時間について調査しているので、このデータを用いて男性勤労者の家事参加の様子をみてみよう。調査は睡眠時間、仕事時間、通勤時間、家事関連時間、それ以外の時間の5分類された時間[3]について、勤務がある日（以下、平日）と勤務がない日（以下、休日）に分けてたずねている。

平日の家事関連時間は1.1時間、休日の家事関連時間は2.8時間である（図4-1-1、図4-1-2）。前章に登場した女性に比べるとき

---

[2] 家事関連時間には、家事、育児、看護・介護が含まれる。集計は20〜69歳有業（主に仕事をしている）男性に対して行なった。
[3] 仕事時間とは、何らかの収入を得る行動であり、準備・片付け・移動、昼休み・休憩時間も含むこと、家事関連時間には、炊事・洗濯・掃除、買い物、子どもの世話、家庭雑事（整理、片付け、銀行・役所へ行く）、家族の介護等を含むことが調査票に示されている。

第4章　男性の家事参加を進めるために

わめて短い時間である。平日について他の生活時間をみると、睡眠時間が6.2時間ときわめて短く、仕事時間は10.2時間ときわめて長い。通勤時間の1.6時間とあわせると、仕事に12時間近く拘束されていることになる。平日の男性勤労者の生活は一日の半分を仕事が占めていることがよくわかる。

休日は睡眠時間が7.6時間とやや増加し、それ以外の時間、睡眠以外の一次活動時間（食事、身の回りの用事）と休息、余暇、社会的活動の時間が13.0時間と大幅に増加している。一方、家事関連時間は2.8時間[4]にとどまっており、女性勤労者との差はより大きくなっている。平日の仕事中心の生活から一変し、休日はおそらくは休息中心の生活となっている。平日に行っていない分の家事や子どもの世話は、休日にも取り戻してはいないようだ。

年齢別にみると、平日の家事関連時間は20歳代で1.1時間、30歳代1.2時間、40歳代1.0時間、50歳代0.9時間、60歳代1.2時間となっている。分布をみてみると、平日に家事関連時間が0時間、つまり全く何も行わない男性は全体で27.3％、特に40歳代以上でその割合が高く30％以上である。一方、20歳代、30歳代ではまったく家事を行わない男性は20％に満たない。平日に家事を1時間を越えて行う男性は全体で30.0％、30歳代の男性では35.5％にのぼる。

休日の家事関連時間は20歳代で2.2時間、30歳代3.5時間、40歳代3.2時間、50歳代2.4時間、60歳代2.8時間であり、30歳代と

4　社会生活基本調査などと比べると、家事関連時間はやや長い傾向がある。調査票の構成・内容による違いが回答に違いをもたらす要因として大きいと思われる。また、回答者の特性もその要因として考えられる。回答者の特性として学歴が高い点、ホワイトカラーが多い点あげられている。学歴の高さやホワイトカラーであることは、しばしば性別役割分業意識が平等的であることを意味し、ひいては家事参加を高める傾向もある。

図4-1-1　年齢別　勤務がある日の生活時間

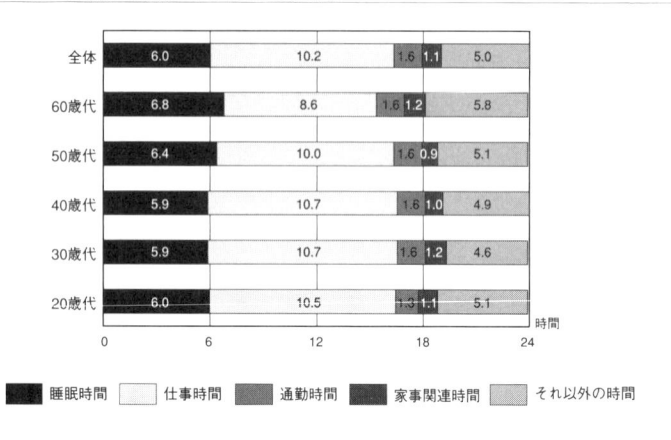

	睡眠時間	仕事時間	通勤時間	家事関連時間	それ以外の時間
全体	6.0	10.2	1.6	1.1	5.0
60歳代	6.8	8.6	1.6	1.2	5.8
50歳代	6.4	10.0	1.6	0.9	5.1
40歳代	5.9	10.7	1.6	1.0	4.9
30歳代	5.9	10.7	1.6	1.2	4.6
20歳代	6.0	10.5	1.3	1.1	5.1

図4-1-2　勤務がない日の生活時間

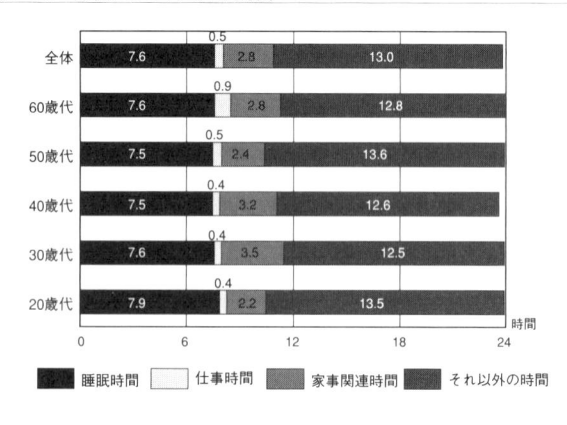

	睡眠時間	仕事時間	家事関連時間	それ以外の時間
全体	7.6	0.5	2.8	13.0
60歳代	7.6	0.9	2.8	12.8
50歳代	7.5	0.5	2.4	13.6
40歳代	7.5	0.4	3.2	12.6
30歳代	7.6	0.4	3.5	12.5
20歳代	7.9	0.4	2.2	13.5

40歳代で家事関連時間が長い傾向がある。休日では家事を全く行わない男性はやや減少し11.8％、40歳代以上で10％を超え、30歳代以下で10％未満である。休日に家事を4時間以上行う男性は

全体で27.7％である。とりわけ30歳代で35.5％と高い。

　平日に比べると休日のほうが家事を行っている男性の割合は高い。ただし平日に家事をしなかった男性が、休日にまとめて家事をするのかというとそうでもない。平日も休日も家事をまったく行わない男性は全体の11.0％、一方、平日に1時間超家事を行い休日にも4時間以上家事を行うのは全体の17.5％である。平日に家事をしない男性のほとんどは休日にも家事をしないし、休日に家事を4時間以上行っている男性は平日にも家事を行っている。

3 得意な家事は「ゴミだし」？

　男性勤労者の平日と休日の家事関連時間について述べてきたが、では具体的にはどんな家事をどの程度しているのだろうか。2005年の第9回調査では具体的な家事項目について遂行頻度をたずねている。「食事をつくる」「食事の後かたづけ」「部屋の掃除」「風呂の掃除」「ゴミだし」の5項目について、「ほとんど毎日」「週3〜4回」「週1〜2回」「ほとんどしない」「全くしない」といった週あたりの遂行頻度をきくことで、どの程度家事を行っているかを調べているのである。

　この5項目には意味がある。「食事をつくる」「食事の後かたづけ」はほぼ毎日行なわれる家事であり、部屋の掃除は毎日行なう家庭もあれば行なわない家庭もある家事であり、「風呂掃除」と「ゴミだし」は男性の家事である。これまでの家事に関する調査で、男性が行う家事には一定の傾向があることが知られている。男性が比較的行うとされているのは、「ゴミだし」と「風呂掃除」である。これはアメリカなどで男性の家事といわれているものに該当する。アメリカでは男性の家事とは家屋の修理、洗車、庭の手入

れなどをさしているが、日本ではあてはまらない場合が多い。庭や車が必ずしもあるわけではないし、欧米では家屋の保全のために年に一度は行うペンキ塗りなどの作業は日本の家屋にはあてはまらず、賃貸住宅では借主が手を入れることが困難な場合も少なくない。一方、テレビのコマーシャルやドラマのワンシーンでも頻出するように、日本では男性が行うことが知られているのが「ゴミだし」と「風呂掃除」なのである。

　このデータでも5項目の中で「ゴミだし」は「全くしない」の割合が最も低く、「風呂掃除」がそれに続く（図4-1-3）。「ゴミだし」は「全くしない」と「ほとんどしない」の合計が41.7％、「風呂掃除」では42.0％である。「ゴミ出し」や「風呂掃除」と同じ程度に行われているのは「食事の後かたづけ」である。「部屋の掃除」が続き、最も行われていないのは「食事をつくる」ことである。

　「男子厨房に入らず」といわれるが「食事の後かたづけ」のためには台所に入る男性もいるわけで、「男子厨房に入らず」を守った結果というわけではないだろう。私は以前、家事を「繰延可能家事」と「繰延不能家事」に分類したことがあるが、「食事をつくること」はまさに繰り延べることができない、行うタイミングに制約のある家事である（永井、1992）。夕食をつくるために間に合うよう帰宅することは、現在の日本の働き方では多くの男性にとって困難である。家計経済研究所が行った「現代核家族調査」でも、父親が家族と一緒に夕食をとるのは週に2回（つまり週末のみと考えられる）の者が最も多く、朝食についても毎日家族と一緒に食べるものは少ない。男性は他の家族と生活のリズムが異なっていることがわかる（家計経済研究所、2001）。

第4章　男性の家事参加を進めるために

図4-1-3　年齢別　家事の遂行頻度

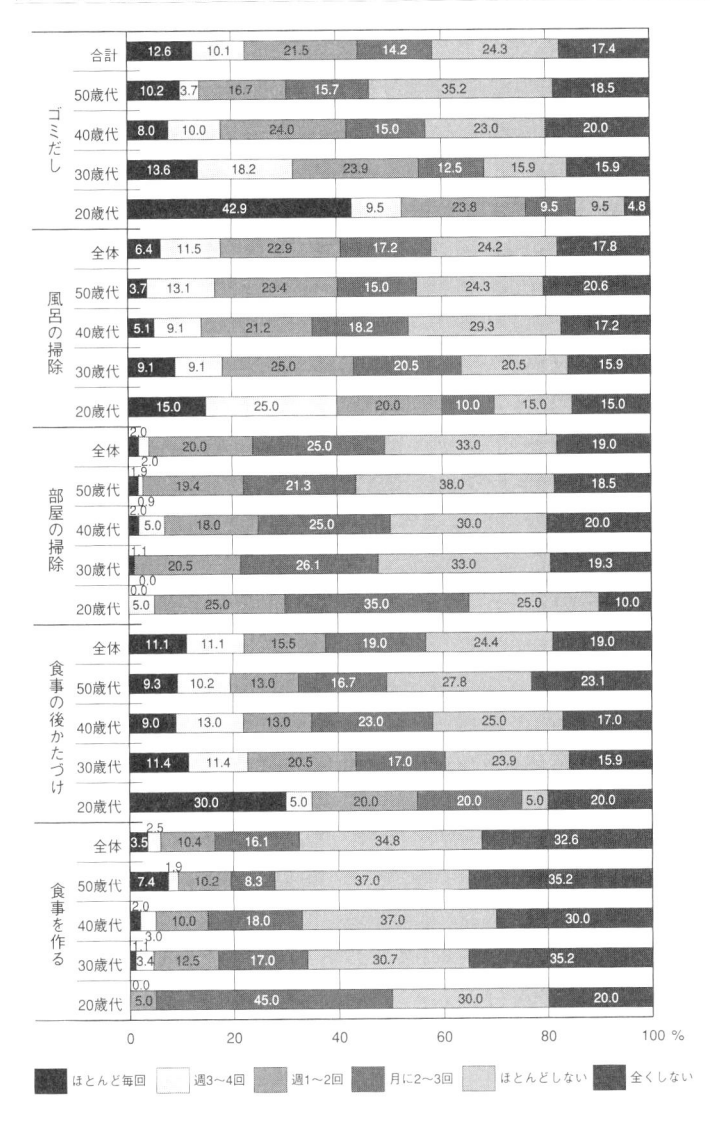

ゴミだし

	ほとんど毎回	週3～4回	週1～2回	月に2～3回	ほとんどしない	全くしない
合計	12.6	10.1	21.5	14.2	24.3	17.4
50歳代	10.2	3.7	16.7	15.7	35.2	18.5
40歳代	8.0	10.0	24.0	15.0	23.0	20.0
30歳代	13.6	18.2	23.9	12.5	15.9	15.9
20歳代	42.9		9.5	23.8	9.5	9.5	4.8

風呂の掃除

全体	6.4	11.5	22.9	17.2	24.2	17.8
50歳代	3.7	13.1	23.4	15.0	24.3	20.6
40歳代	5.1	9.1	21.2	18.2	29.3	17.2
30歳代	9.1	9.1	25.0	20.5	20.5	15.9
20歳代	15.0	25.0	20.0	10.0	15.0	15.0

部屋の掃除

全体	2.0	20.0	25.0	33.0	19.0	
50歳代	1.9	19.4	21.3	38.0	18.5	
40歳代	0.9/5.0	18.0	25.0	30.0	20.0	
30歳代	1.1	20.5	26.1	33.0	19.3	
20歳代	0.0/5.0	25.0	35.0	25.0	10.0	

食事の後かたづけ

全体	11.1	11.1	15.5	19.0	24.4	19.0
50歳代	9.3	10.2	13.0	16.7	27.8	23.1
40歳代	9.0	13.0	13.0	23.0	25.0	17.0
30歳代	11.4	11.4	20.5	17.0	23.9	15.9
20歳代	30.0	5.0	20.0	20.0	5.0	20.0

食事を作る

全体	3.5	2.5/10.4	16.1	34.8	32.6	
50歳代	7.4	1.9/10.2	8.3	37.0	35.2	
40歳代	2.0/10.0	18.0	37.0	30.0		
30歳代	3.4	3.0/12.5	17.0	30.7	35.2	
20歳代	0.0/5.0	45.0	30.0	20.0		

凡例：■ほとんど毎回　□週3～4回　週1～2回　月に2～3回　ほとんどしない　■全くしない

あらためて図4-1-3で各家事項目について年齢別にみてみると、全ての項目について20歳代で「ほとんどしない」「全くしない」の割合が低い。また、食事をつくること以外は20歳代で行なわれる頻度が高い。20歳代は一人暮らしの割合が高く、必要に迫られれば行なうということである。

乳幼児がいる回答者には、「乳幼児の着替え」「乳幼児の食事の世話」について週あたりの遂行頻度をたずねている。「乳幼児の着替え」を毎日のように行なっている者が11.7％、週に3～4回行なっている者は18.3％、週1～2回が最も多く40.0％、月に2～3回行なうのは6.7％、ほとんど行なわない者と全く行なわない者を合わせると23.3％である。「乳幼児の食事の世話」を毎日のように行なっている者が13.3％、週に3～4回行なっている者は15.0％、週1～2回が最も多く31.7％、月に2～3回行なうのは15.0％、ほとんど行なわない者と全く行なわない者を合わせると25.5％である。毎日のように子育てにかかわっている者が少ないながらもいる一方、多くはおそらく週末だけ行っているようだ。育児は家事よりも頻度は高いが、全くあるいはほとんど行なわない者もおり、さらに女性に比べるとかなり大きな違いがある。

2 男性の家事参加を可能にする条件

1 男性は家事から逃げているのか

男性の家事参加には男性の意識改革が必要だとしばしば言われ

る。働く女性は家庭に帰っても第二の勤務（セカンド・シフト）が待っているのに対し、男性は家庭内では一方的にサービスを受けるばかりであると批判されている。また、一方では、働くことが男性の本分であるという風潮の中で、男性は家事や育児をすることでストレスを高めてしまうともいわれている。勤労者アンケートの回答者はどのように考えているのだろうか。

生活の中で「時間」をどのようにしたいかという質問に対して、減らしたいと望むものよりも増やしたいと望むものが多かったのは以下の「時間」である。「スポーツ」（76.1％）、「休憩・くつろぎ」（64.8％）、「家族・恋人と過ごす時間」（57.7％）、「自己啓発」（48.9％）、「友人・知人と過ごす時間」（47.8％）、「睡眠」（45.6％）、「家事関連時間」（25.8％）、「ボランティア」（24.6％）、「地域活動」（17.6％）である。減らしたいと希望する者の方が多かった「時間」は、「仕事」で49.3％にのぼる。「上司・同僚・部下との仕事上のつきあい」もあげられており、16.1％となっている。

減らしたい、増やしたいという希望には、現在どのくらい時間を費やしているのかが関係している。減らしたいというには、わずかでも時間を費やしていることが前提となる。家事についても、全く行なっていないから少しはやりたいと思っているのか、わずかしか行なっていないのに、行ないたくないと思っているのか、その点について具体的にみていこう。

平日に家事を全く行なっていない男性の73.6％はこのままでいいと考えている。平日に家事を30分程度行なっていてこのままでいいと考えている男性は64.2％、1時間程度行なっている男性では68.3％、1時間半以上行なっている男性では69.7％であるから、

家事を全く行なっていない男性がこのままでいいと思う割合はやや高い。家事を30分程度行なっている男性はむしろ34.6%が家事関連時間を増やしたいと答えている。また、1時間程度行なっている男性では5.8%、1時間半以上行なっている男性では8.5%が、家事関連時間を減らしたいと考えている。

休日についても同様の傾向がある。休日に家事を全く行なっていない男性の85.7%がこのままでいいと回答している。休日に家事を3.5時間程度、あるいは4時間以上行なっている男性は、家事をそれよりも行なっていない男性に比べて減らしたいと思っているものの割合は高く、それぞれ7.3%、6.1%である。しかし、家事を4時間以上行なっている男性の中の32.1%が家事関連時間を増やしたいと回答し、その割合は他の男性たちよりも高い割合である。

家事関連時間についてみてきたところ、多数派ではないけれども家事や育児を積極的に行なおうとする男性、手伝う程度に行なう男性、全く行なわないし行なおうとしない男性に分かれるようだ。

2 家事をする男性は、一人暮らし、共働き、残業なし、柔軟な労働時間

では、どのような男性が家事を行っているのか。家事をより多く行っている男性にも特徴があることがわかる。前節で述べたように平日では30歳代で家事関連時間が長く、休日には30歳代と40歳代で家事関連時間が長いことが示されていた。さらに配偶状態、世帯類型、本人の雇用形態、本人週あたり労働時間、妻の週あたり労働時間、本人の勤め先の労働時間制による差についてみ

てみた。

　配偶状態で比べると、無配偶では平日1.2時間、休日2.2時間、有配偶では平日1.0時間、休日3.1時間で、平日は無配偶のほうが長く休日は有配偶のほうが長い。世帯類型別にみると、一人暮らしでは平日1.4時間、休日2.5時間、夫婦世帯では平日1.0時間、休日2.7時間、二世代あるいは三世代世帯では平日1.0時間、休日2.9時間であり、平日では一人暮らしの場合に家事関連時間が長く、休日には差がないことがわかった。配偶状態別の集計結果と世帯類型別の集計結果から、平日は無配偶一人暮らし男性の家事関連時間が長く、休日は有配偶男性が家事関連時間が長いことがわかる。つまり、平日は他に家事の担い手がいない男性はより多く家事に時間を割き、休日は有配偶、そしておそらく子どもがいるものが育児などに時間を割いていることが推測される。

　本人の雇用形態で比較すると、非正規雇用の場合、平日1.2時間、休日2.6時間、正規雇用の場合、平日1.0時間、休日2.9時間で、平日では非正規雇用でやや家事関連時間が長く、休日には統計的に有意な違いはない。本人の週あたり労働時間は、40時間時間以下、41〜44時間、45〜49時間、50〜59時間、60時間以上に分類した。これらのグループのケース数はほぼ同じ数である。40時間時間以下では平日1.3時間、休日3.1時間、41〜44時間で平日1.1時間、休日2.6時間、45〜49時間で平日1.1時間、休日2.5時間、50〜59時間で平日1.0時間、休日2.3時間、60時間以上で平日0.8時間、休日2.8時間である。平日は週40時間以下で働く者がやや家事関連時間が長く、週60時間以上働く者は家事関連時間が短い。休日は統計的に有意な違いはなく、平日に行なわなかった分を休日に行なうというわけでも、平日に働き過ぎたほう

が休日に家事を行なわないというわけでもないようだ。

　本人の勤め先の労働時間制で家事関連時間を比べると、裁量労働制の場合、平日1.0時間、休日2.5時間、フレックスタイム制（コアタイム無し）では平日1.1時間、休日3.6時間、フレックスタイム制（コアタイム有り）では平日1.0時間、休日2.7時間、変形労働時間制では平日1.0時間、休日2.7時間、事業場外労働のみなし労働時間制では平日0.5時間、休日2.2時間、通常の労働時間制では平日0.8時間、休日2.6時間である。

　平均値の違いをみると統計上の違いはみられない。そこで平日の家事関連時間の分布を労働時間制別にみてみた（図4-2-1）。裁量労働制の場合、平日に家事を全く行なわないのは11.8％、1時間超行なっているのは47.1％、フレックスタイム制（コアタイム無し）ではそれぞれ0.0％、57.1％、フレックスタイム制（コア

図4-2-1　労働時間制別　勤務がある日の家事関連時間

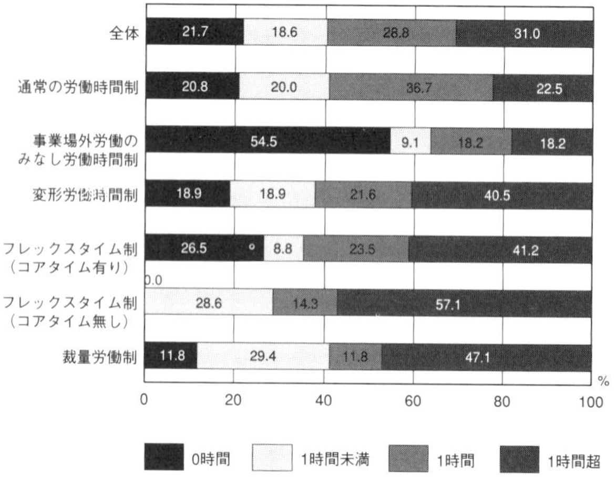

	0時間	1時間未満	1時間	1時間超
全体	21.7	18.6	28.8	31.0
通常の労働時間制	20.8	20.0	36.7	22.5
事業場外労働のみなし労働時間制	54.5	9.1	18.2	18.2
変形労働時間制	18.9	18.9	21.6	40.5
フレックスタイム制（コアタイム有り）	26.5	8.8	23.5	41.2
フレックスタイム制（コアタイム無し）	0.0	28.6	14.3	57.1
裁量労働制	11.8	29.4	11.8	47.1

タイム有り）では26.5％、41.2％、変形労働時間制では18.9％、40.5％、事業場外労働のみなし労働時間制では54.5％、18.2％、通常の労働時間制では20.8％、22.5％である。通常の労働時間制に比べて裁量労働制、フレックスタイム制、変形労働時間制で、平日に家事を全く行なわない男性が少なく、1時間を越えて家事を行う男性が多いことがわかる。

　労働時間制については残業手当が支給される側の分析にとどまるが、管理職など残業手当を支給されない側とされる側との比較を行なったところ、両者には労働時間、家事関連時間ともに違いはみられなかった。管理職についても時間の使い方は様々であり、どのような使い方が社内で許容されているかによって家事参加への可能性は異なるだろう。労働時間別と労働時間制別の分析からわかることは、労働時間が40時間以下であること、柔軟な働き方ができることが、男性の平日の家事参加を可能にすることがわかる。

　結婚している回答者に対して、妻が働いているか、週に何時間働いているかによって、家事関連時間に差がみられるのかを比べた。無職（専業主婦）では平日1.1時間、休日2.8時間、20時間未満で平日1.0時間、休日2.6時間、20〜29時間で平日0.7時間、休日2.6時間、30〜39時間で平日1.3時間、休日3.0時間、40〜49時間で平日1.2時間、休日2.7時間である。休日の家事関連時間には違いがみられないが、平日の家事関連時間は、妻が週に30時間以上働いている場合にわずかに長くなっている。

3 男性が家事をする生活が意味するもの

　男性の家事参加の度合は極めて少ない。男性が家事をするよう

になるには、まず、家事や育児が女性の仕事ではなく自分自身の仕事であると思うこと、そして家事や育児を行なわなければならないと思うことが必要である。では、家事をすることを可能にするにはどのような条件が必要なのか。男性の平日の仕事時間は長く、通勤時間を含めるとほぼ12時間を仕事に拘束されている。仕事時間が長くても一人暮らしであれば家事をせざるをえない。しかし、結婚するあるいは親と同居している場合には、自ら家事を行なうことは少なくなる。また、妻が就業した場合に家事の担い手が不足したり、子どもや介護を必要とする家族員がいることによって家事などの量が増加することにより男性の家事参加も増加する。しかし、それを可能にするのは仕事時間（の短さ）とともに柔軟な働き方である。柔軟な働き方としてここでは労働時間制を取り上げたが、勤労者が本来権利として持っている休暇を取得したり、突然の残業を断ることができる、あるいは家庭の事情で仕事を変わってもらえるような環境が必要である。

　この調査でも家事を行なっている者の方が精神的に過度なストレスがないと回答する傾向がある。平日に家事を全く行なわない男性の場合ストレス[5]は2.2、30分程度行なう男性では2.2、1時間程度行なう男性は2.5、1時間半以上行なう男性は2.5である。点数が高いほうがストレスが少ないことを示しているので、家事を行なっている男性の職場のほうがストレスがないということになる。家事をすることが職場のストレスをなくすとは必ずしも考えられないが、男性が家事をできるような職場は精神的な過度なス

---

[5] ストレスの変数は、勤め先で「精神的に過度なストレスがない」に「当てはまる」（4点）、「どちらかというと当てはまる」（3点）、「どちらかというと当てはまらない」（2点）「あてはまらない」（1点）の4択での回答に点数を割り振ったもので、点数が高いほどストレスがないことを示す。

トレスのない職場であるとはいえる。ただし、家庭でのストレスが職場に持ち越されたり、職場のストレスが家庭に持ち越されたりすることは知られているので、男性が家事を行なうことが家庭の安定に結びつくとすれば、職場に持ち越す家庭でのストレスがないということとつながるかもしれない。

結婚し子どもが生まれ家族を形成する時期にあたる30歳代男性は、仕事と生活のバランスを望んでいる者が他の年齢層よりも多いにもかかわらず仕事時間も長い傾向がある。男性が必ずしも家事から逃げているわけではなく、家事を行おうとする男性もいる。家事を行なうことができる職場環境は、勤労者にとってもストレスがない職場である。家事を行うことを可能にすることが仕事への満足へも結びつくであろうし、ひいては女性が働きやすい環境を作るだろう。

参考文献
内田哲郎、1994、「家事を分担する夫たち－家事および性役割に対する意識」『家族研究年報』19号 pp58-69。
財団法人家計経済研究所、2001、『新現代核家族の風景』、大蔵省印刷局。
総務省統計局HP、「社会生活基本調査」
　　(http://www.stat.go.jp/data/shakai/2006/index.htm　2007年10月1日ダウンロード)。
永井暁子、1992、「共働き夫婦の家事遂行」『家族社会学研究』第4号　pp66－77。
──　2005、「ジェンダー統計④　夫婦の生活時間」『共同参画』11月号pp32-33。

メッセージ　家族をつくりつつある男性の同僚・部下・上司のみなさんへ

　内閣府が継続的に実施している男女共同参画社会に関する世論調査で、2007年8月に初めて「夫は外で働き、妻は家庭を守るべきである」に対して否定的な意見が過半数を占めるようなった。夫と妻の明確な分業体制と社会の仕組みとのズレが認識されてきたことのあらわれだろう。ここ数年、大学生と話していて、従来性別役割分業に肯定的だった男子学生が上記の意見に対して否定的になってきたように思う。就職がきびしく、また収入の上昇が見込めず、一人で家族を養う責任は重すぎると考えている。また、父親がたまに家庭内にいると不自然に感じている男子学生は、結婚するなら自分は父親のようになりたくないと述べていた。しかし同時に、家庭を大切にするような職場はあるのだろうかと悩んでいた。

　家事分担というと男女平等の視点から考えることが多い。現在の日本では仕事においても家庭においても男女平等とはいえない状態であるから、夫婦関係を対等にする努力は今後とも必要である。しかし、男性が家事をするということは、夫婦関係の中に平等性を見出すためだけではない。みんなで家事をすることにより短縮できた時間で余暇を楽しもうとする者もいるし、家事をすると妻が喜ぶという者もいる。また、家事を行なうことは生活を共有することであり、互いを家族メンバーの一員として認識できる手段でもある。

　どのような考えにせよ、家族メンバーの一員として、家事や育児を行なおうとする男性は少なくない。家族についての考え方は

第4章　男性の家事参加を進めるために

人それぞれではあるけれども、このような男性の周囲にいる人がそれを阻止しないで欲しい。家族内のストレスを職場にもってこられても困るではないか。それなら、家庭での時間を大切にさせてあげた方が、仕事にもいい影響があるだろう。そして自分自身もふりかえってみてほしい。仕事を常に優先させるのが立派な社会人だ、会社員だと男性だけで固まっていても、退職してしまえば身近にいるのは家族なのだから。

COLUMN　結婚への高いハードル

　仕事に対する考え方から結婚について考えてみよう。以下に示した図は、仕事に関して最も重要だと思う点について回答してもらった結果である。選択肢は7つあり、図で示している選択肢が1位から3位を占める。この質問への男性の回答傾向は、年齢と配偶状態によって異なるので、年齢と配偶状態別に集計した[1]。

　仕事に関して最も重要な点として最も多くの人があげているのは、「家計をまかなえる賃金・処遇条件である」である。これはとくに30歳代有配偶男性、40歳代有配偶男性で高く36.5％、36.4％と高い割合を占めている。総務省の「家計調査」や「全国消費実態調査」によれば、家計の支出が最も多いのは教育費のかさむ50歳代であるから、50歳代よりも30歳代で「家計をまかなえる」がより多く選ばれるのはやや意外かもしれない。

　3番目に多かった「仕事と生活のバランスが適度である」は30歳代有配偶男性の24.3％があげている。30歳代は労働時間が長い年齢層で、この図の結果は実態とはうらはらにワーク・ライフ・バランスを望んでいる男性が少なくないということを示している。

　家計をまかなえること、仕事と生活のバランスがとれることは、仕事を生活のため、家族のために行なっているということをさし、この2つをあわせると全体で44.8％、30歳代有配偶では60.8％にのぼる。無配偶男性であっても20歳代では31.1％であったものが、30歳代では44.5％に上昇する。多くの者が家族を形成する時期であるからこそ30歳代は家族や生活を大切にする者が増加すると解釈するにせよ、現在の勤め先の状況への不満[2]のあらわれと解釈するにせよ、現在の仕事の状況は結婚への高いハードルとなっているようだ。

1　4位以下は「その他」としてまとめている。また、20歳代有配偶、40歳代以降の無配偶はケース数が少なかったため集計から除外した。

2　他の年齢層よりも労働時間が長い、賃金の上昇が見込めないなど。

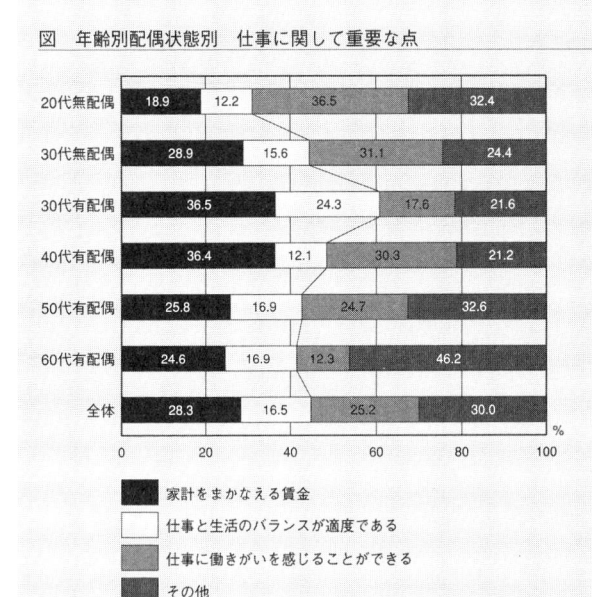

第4章 男性の家事参加を進めるために

図　年齢別配偶状態別　仕事に関して重要な点

	家計をまかなえる賃金	仕事と生活のバランスが適度である	仕事に働きがいを感じることができる	その他
20代無配偶	18.9	12.2	36.5	32.4
30代無配偶	28.9	15.6	31.1	24.4
30代有配偶	36.5	24.3	17.6	21.6
40代有配偶	36.4	12.1	30.3	21.2
50代有配偶	25.8	16.9	24.7	32.6
60代有配偶	24.6	16.9	12.3	46.2
全体	28.3	16.5	25.2	30.0

■ 家計をまかなえる賃金
□ 仕事と生活のバランスが適度である
▨ 仕事に働きがいを感じることができる
■ その他

第5章

ビジネス・パーソンは景気に敏感
―格差拡大―

岡田恵子

Summary

　これまでの章は、2001年からの調査結果をすべてあるいは一部プールした形で分析することにより勤労者の意識を追ってきた。この調査時期は今回の景気回復過程に重なる。2002年の1月を谷として景気が回復してきたが、景気がよくなっているとの実感に乏しいとしばしば指摘される。本章では、他の章とはやや視点を変え、時系列のデータを振り返ることにより、ビジネスパーソンの景気への見方についてとりあげることにする。

　ビジネスパーソンは、勤め先の企業の経営状況を客観的に判断しつつ、景気の現状について自分なりの見方を有している。ビジネスパーソンは、経済指標よりもむしろ日々の仕事や暮らしの中で景気動向を判断している。

　ビジネスパーソンたちが今回の景気回復を実感し始めたのは、2004年に入ってからであり、景気回復に入ってから2年が経ってからであった。さらに、正社員とそうでない人、また、勤め先の規模の違いによる景気の実感度を比較すると、景気が回復していることを比較的早い時期に実感したのは正社員であり、また大企業であった等、景気回復に対する実感の程度にはかなりの差がみられる。また、勤労者短観では、格差の拡大についても現実を正確にとらえていた。

　景気の動き、消費水準、物価動向、さらには格差拡大の方向性に関して、勤労者意識の把握は極めて重要である。個々の回答は生活実感に基づくものであるにもかかわらず、統計で表される現実の数字の動向をよく捉えており、意識調査といって軽視しては

いけないだろう。

1 ビジネスパーソンがみた景気回復

　勤労者短観として景気に対する見方を調査し始めた2001年4月は景気後退期の真最中であった。その後日本経済は、2002年初を谷として景気回復過程に入っている。景気回復当初は、好調な世界経済を背景として輸出が増加し、その後輸出企業を中心として企業収益も改善した。企業活動が活発になるにつれ、設備投資も増加してきた。企業収益は引き続き増益となっている。しかし大企業に比べて規模の小さい企業の業況は厳しいなど、企業規模による差は大きい。実感なき景気回復ともしばしば指摘される今回の景気回復局面を勤労者はどう認識してきたのだろうか。

1 ビジネスパーソンがみた景気回復

1) 景気の動きを敏感にキャッチしているビジネスパーソン

　勤労者短観では景気について、「1年前に比べて、現在の日本の景気は良くなったと思いますか、悪くなったと思いますか」として、6つの回答（「かなり良くなったと思う」、「やや良くなったと思う」、「変わらないと思う」、「やや悪くなったと思う」、「かなり悪くなったと思う」、および「わからない」）から選択することとなっている。また「1年後の日本の景気は、現在と比べて良くなると思いますか、悪くなると思いますか」として、景気の先行き

見通しについても、6段階で回答してもらっている。そして、「かなり良くなった（よくなる）」との回答数には1を、「やや良くなった（良くなる）」との回答数には0.5を、「変わらない」の回答数には0を、「やや悪くなった（悪くなる）」の回答数には-0.5を、「かなり悪くなった（悪くなる）」の回答数には-1を、それぞれウェイトとして乗じたものを合計し、回答数で除して指数化（D.I.）し、グラフに表したものが図5-1-1である。

調査を開始した2001年には、「1年前と比べて悪くなった」との回答（「かなり悪くなった」と「やや悪くなった」の回答の合計）は4分の3を占めており（74.8％）、また「1年後も悪くなる」との回答（「かなり悪くなる」と「やや悪くなる」の回答の合計）は

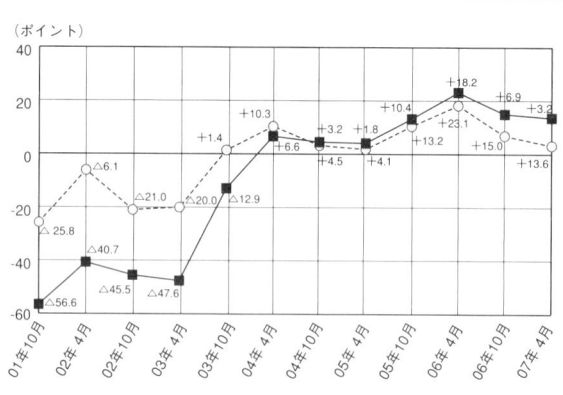

図5-1-1　日本の景気の現状と1年後の見通し（D.I.）

（注）景気指数の計算方法＝{「かなり良くなった（良くなる）」×1＋「やや良くなった（良くなる）」×0.5＋「変わらない」×0＋「やや悪くなった（悪くなる）」×(-0.5)＋「かなり悪くなった（悪くなる）」×(-1)}÷回答数（「わからない」「無回答」を除く）×100。

半数弱（45.7％）であったため、D.I.の数値もマイナス56.6と極めて低い値となっている。2003年10月になって「1年前と比べて良くなった」とする回答が10％を越した（実は、それまでは「良くなった」という回答はほぼ0であったのである）。「1年前と比べて良くなった」との回答が「1年前と比べて悪くなった」を上回った（すなわち、D.I.がプラスとなった）のは、2004年4月になってからである。

　調査を開始した景気回復当初は、D.I.の数値でみると、1年後の見通し（点線）が現在の判断（実線）よりも上回って推移していた。これは、「今よりも一年後の方が景気がよくなるだろう」という見通しを持っていたことを示すものである。2004年10月にそれが逆転し、その後は、「現在の判断」が「1年後の見通し」を若干上回って推移している。さらにいえば2006年4月調査を境に、景気D.I.がやや低下していることには注意しなければならない。首都圏、関西圏に居住する勤労者であるにもかかわらずその景気実感が足踏みしているということは、それ以外の地域における景気実感がより悪化していることが容易に想像できるからである。内閣府「消費動向調査」（コラム参照）による消費者態度指数でも、2006年4～6月期を山としてその後はやや低下してきている。

　今回の景気回復の過程では雇用形態が多様化し、非正規雇用比率は上昇してきた。2001年2月には27.2％であった非正規雇用者比率は2005年2月には32.6％、2007年には33％となり、いまや3人に1人が正社員以外の雇用形態で働いている。雇用形態の違いにより、今回の景気回復の実感もかなり異なったものとなっている。景気のD.I.を雇用形態別にみることにしよう。図5-1-2でわかるように、正社員とそれ以外、特にパート・アルバイトとを比較

図5-1-2 雇用形態別にみた日本の景気の現状に対する判断（D.I.）

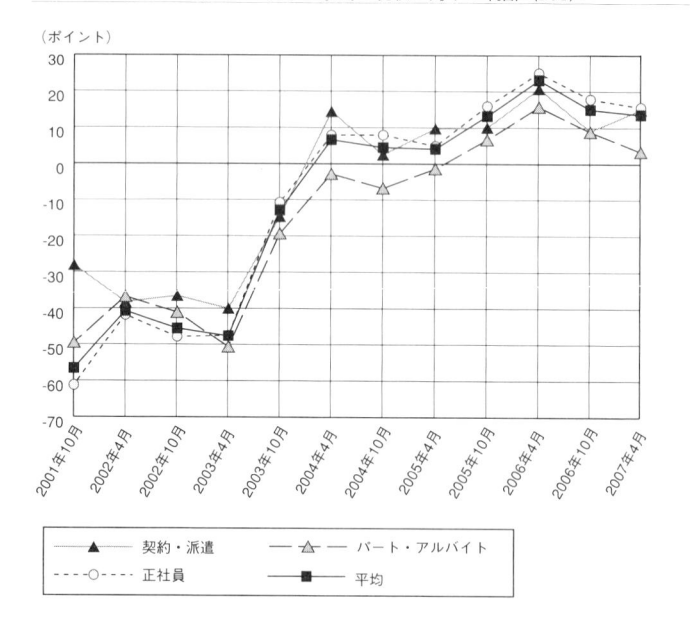

(ポイント)

凡例：
- ▲ 契約・派遣
- △ パート・アルバイト
- ○ 正社員
- ■ 平均

すると、正社員、契約社員は、2004年4月調査にはすでにD.I.がプラスになっていたが、パート・アルバイトのD.I.がプラスとなったのは2005年10月であり、景気回復が始まってから実に3年が経過してからのことであった。

2）経済統計よりもむしろ勤め先の業績で景気の動向を実感

それでは、勤労者は、何に基づいて景気の現状を判断しているのだろうか。男性は勤め先の業績や業界動向から判断するが、女性、特にパート（女性の非正規社員の約半数はパートである）として働いている場合には、家族の収入状況に注目しているようである。勤労者短観では、景気動向の問の次に、「その答えのように

思うのは、主に何を見たときか」との問いが設定されている。「新聞・テレビ等を見て」、「勤め先企業の業績や業界の動向から」、「経済指標を見て」、「自分や家族の収入や状況から」、「百貨店・スーパー・商店街等の状況を見て」、および「その他」、「わからない」といった選択肢から回答することになっている。2007年4月調査（第13回）の結果からみると、男性では、「勤め先業績や業界動向」を挙げた回答者が44.8％と最も高く、次に「自分や家族の収入状況」（38.2％）、「新聞、テレビ」（32.1％）と続いていた。「経済指標から」は12％と低い。女性の回答者数は男性の半数であり、その6割は非正社員として働いている。彼女たちは、「自分や家族の収入状況」を挙げる者が半数以上に上った（52.8％）。なお、女性のうち正社員として働いている人たちは男性と同様、勤め先業績、業界動向、およびマスコミ報道に基づいて景気判断を行っている。

　ビジネスパーソンが景気を判断する上で、勤め先の経営状況は大きな役割を果たしているようだ。勤め先の経営状況については、勤労者短観では「1年前と比べて、あなたの勤め先の会社の現在の経営状況（業績）はどういう状況ですか」との問いを用意し、「かなり良くなった」、「やや良くなった」、「変わらない」、「やや悪くなった」、「かなり悪くなった」、「わからない」から選ぶことになっている（なお、第9回調査（2005年4月）以前は、問いは同じであるが「大変好調である」、「まあ好調である」、「普通（良くも悪くもない）」、「あまり良くない」、「大変良くない」、「わからない」の選択肢が用意されていた）。従業員規模（全社の正社員数）が99人以下の企業、100〜999人の企業、1000人以上の企業、と企業規模別でみた場合の景気判断D.I.を計算しグラフ化すると図

5-1-3のとおりとなる。今回の景気回復では、大企業の景況は良くても中堅・中小企業の業況は改善していないなど、企業規模によって景気回復に大きな差があった。働く者の立場から感じる景気判断指数をみても、それが明確に表れている。

このように、ビジネスパーソンは必ずしも毎日経済指標を見ながら景気分析しているわけではない。日々の勤労生活の中での実感から景気の動向を判断しているのだが、実は実際の統計の動きをよく追っているといえるのである。

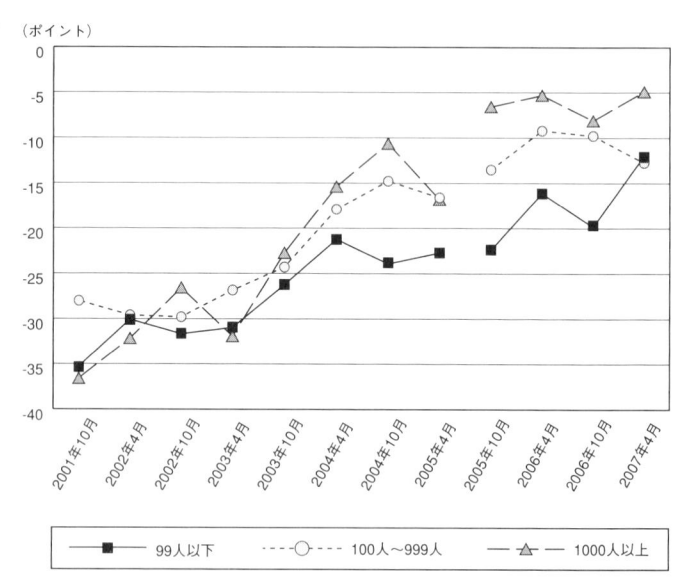

図5-1-3 企業規模別にみた勤め先経営状況判断D.I.

(注) 2005年4月以前の選択肢は「大変好調である」、「まあ好調である」、「普通(良くも悪くもない)」、「あまり良くない」、「大変良くない」であったが、2005年10月調査以降の選択肢は「かなり良くなった」、「やや良くなった」、「変わらない」、「やや悪くなった」、「かなり悪くなった」である。

第5章 ビジネス・パーソンは景気に敏感

3）賃金の上昇がみられなかった景気回復

　勤労者短観では、賃金についても尋ねている。「1年前と比べて、あなたご自身の賃金収入は増えましたか、減りましたか」との問いに対し、「かなり増えた」、「やや増えた」、「変わらない」、「やや減った」、「かなり減った」、および「わからない」の6つの選択肢が用意されている（先行きについては「今後1年間のあなたご自身の賃金収入は、現在と比べ増えると思いますか、減ると思いますか」と尋ねている）。これを景気判断と同様の方法により指数化しグラフとして表すと図5-1-4となる。

　勤労者短観によれば賃金上昇が勤労者に実感されるようになったのは2005年に入ってからといえる。それでは統計により日本全

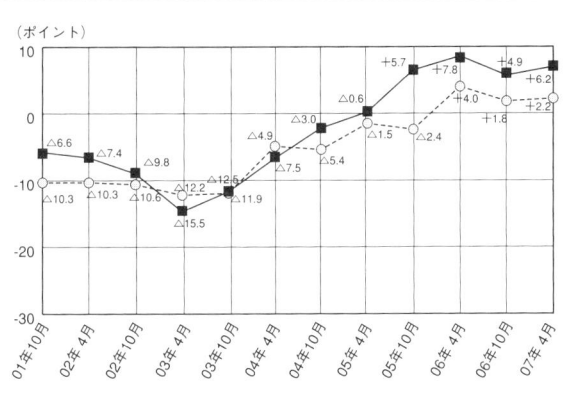

図5-1-4　賃金収入の現状と見通し（D.I.）

（注）賃金収入指数の計算方法＝{「かなり増えた（増える）」×1＋「やや増えた（増える）」×0.5＋「変わらない」×0＋「やや減った（減る）」×(-0.5)＋「かなり減った（減る）」×(-1)}÷回答数（「わからない」「無回答」を除く）×100。

157

体での現金給与総額の動きをみることにしよう。厚生労働省「毎月勤労統計調査」により1人当たり現金給与総額（事業規模5人以上）の伸びをみると、2005年4～6月期にようやく対前年同期比でプラスとなった。現金給与総額の伸びは、所定内給与が前年比で増加し、また賞与等の特別給与も増加してきたことによるものである。しかし2006年1～3月期からは、所定内給与額の伸びがマイナスとなり、さらには、2007年1～3月期以降は特別給与が前年比でマイナスとなったことから、現金給与総額自体が前年同期比で減少している。なお、一般労働者とパート労働者による現金給与総額の推移をみると、一般労働者は2004年後半には対前年比でプラスになった一方、パート労働者は2003～2004年に前年比プラスとなった後減少し、2005年に入ってから再び前年比で増加して推移している。

2 物価は実感では徐々に上昇

2001年から続いてきた景気回復期間では、物価はなかなか上昇してこなかった。物価の動きを、人々がモノやサービスを購入する際の物価である消費者物価でみると、1998年から前年比マイナス基調が続いてきた。2001年から2003年にかけては前年比マイナス0.8％程度の下落傾向にあり、2003年半ば以降マイナス幅は小さくなったものの、マイナス0.2％程度で推移してきた（図5-1-5）。物価が上がらないために名目賃金も上昇しなかった。消費との関連では、物価が下落するときには、買うのを待ったほうが品物の価格が下がるので、人々は「今買わなくても（後で買えば）よい」として消費を先送りし、結果としてその時点での消費を抑制する方向に作用してしまう。

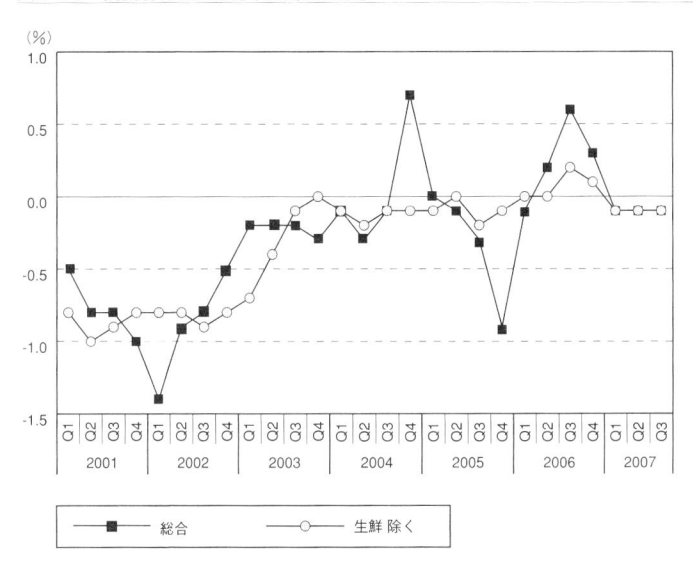

第5章　ビジネス・パーソンは景気に敏感

図5-1-5　消費者物価指数前年同期比の推移

(出所) 総務省統計局「消費者物価指数」。

　勤労者短観では、「あなたは、1年前に比べて物価は上がったと思いますか、下がったと思いますか」、また「あなたは、1年後の物価は、現在に比べて上がると思いますか、下がると思いますか」との問いが用意され、回答者は「かなり上がった（上がる）と思う」、「やや上がった（上がる）と思う」、「変わらないと思う」、「やや下がった（下がる）と思う」、「かなり下がった（下がる）と思う」、および「わからない」から選択することになっている。各選択肢に対する回答数にそれぞれ、景気判断の場合と同様、1、0.5、0、-0.5、-1をウェイトとして乗じたものを合計し回答数で除することによって指数化しグラフ化したものが図5-1-6である。

159

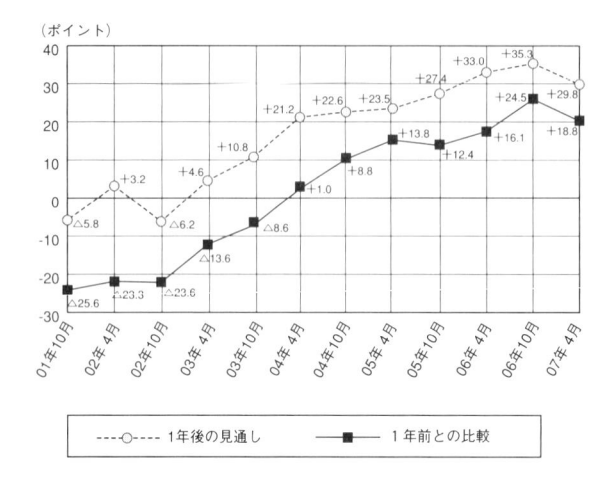

図5-1-6　物価変動の現状と見通し（D.I.）

(注) 物価指数の計算方法＝{「かなり上がった（上がる）」×1＋「やや上がった（上がる）」×0.5＋「変わらない」×0＋「やや下がった（下がる）」×(-0.5)＋「かなり下がった（下がる）」×(-1)}÷回答数（「わからない」「無回答」を除く）×100。

　消費者物価の前年比下落幅が大きかった2004年4月頃までは、勤労者短観においても、「1年前に比べて物価が下落した」との回答が多かったが、同年4月には均衡（D.I.でみればゼロ）し、その後は徐々に「物価は上がっている」と回答する割合が増えてきた。

　原油をはじめとして第一次産品価格の上昇など原材料価格上昇分の小売価格への転嫁が2007年にはいってから、徐々になされるようになってきた。店先の商品の価格が少しずつ上がりつつあり、またガソリン価格が高騰していることなどにより、多くの人々が物価上昇を感じ始めている。なお経済統計である消費者物価指数をみると、平均では指数が上昇しにくい状況にあるが、これは、デジタル家電等教養娯楽耐久財の価格指数低下が大きいことによる。

3 世帯消費の動き

　今回の景気回復期では、日本経済全体でみると雇用者報酬が減少するなかで、家計消費は前年比増加で推移してきた。雇用者報酬は2002年度から2004年度にかけて前年比減となっていたが、家計消費は伸びは小さいものの前年度比1～2%の増加を示してきた。また、家計の消費支出が可処分所得（実収入から税金、社会保険料などの非消費支出を差し引いた額）に占める割合である「消費性向」は上昇してきた。可処分所得が減少してきたなかで、消費は景気の下支え効果を果たしてきたといえる。

　勤労者短観では、世帯全体の消費についても、「1年前と比べて、世帯全体の消費は増えましたか、減りましたか」との問いにより尋ねている。選択肢として用意されているのは「かなり増えた」、「やや増えた」、「変わらない」、「やや減った」、「かなり減った」、および「わからない」の6つである。それぞれの回答に、景気判断D.I.と同様にウェイトをつけ回答者数で除して指数化しグラフ化したものが図5-1-7である。これによると、2002年10月調査を除けば、どの時期も、1年前に比べると世帯消費が増えていたことになる。

　この結果は、世帯消費額が当該世帯の構成員の年齢にも依存していることを考慮すればある程度当然ともいえる。世帯構成員の年齢が高くなれば、概して消費額も増えるからである。総務省統計局「家計調査」を用いて、勤労者世帯（2人以上世帯）における世帯消費支出を世帯主の年齢階級別にみると、20歳から40歳代後半までは年齢が高まるにつれ消費額も多くなっていく（2006年では、20歳代前半は月平均支出額22.1万円、40歳代前半31.2万円）。40歳代後半は教育費等負担もあって最も消費額が多くなり

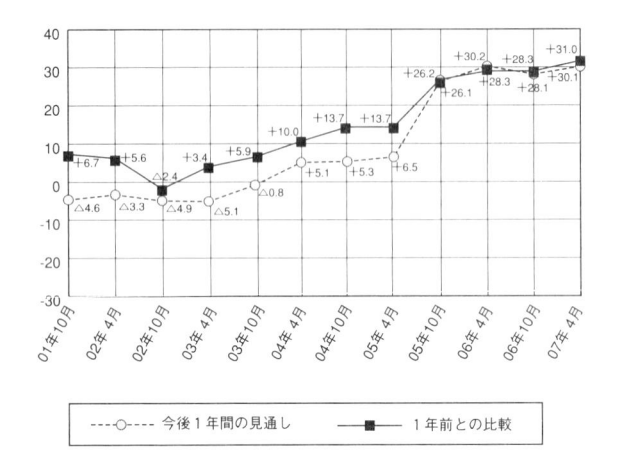

図5-1-7　消費変動の現状と見通し（D.I.）

----○---- 今後1年間の見通し　　―■― 1年前との比較

(37.3万円)、50歳代に入ると徐々に支出額は少なくなっていく(50歳代前半36.0万円、50歳代後半34.5万円)。

「家計調査」では調査対象となった世帯で一定期間家計簿をつけるのである。一方、勤労者短観では、回答者が運よく家計簿をつけておりかつ回答にあたって家計簿を参照すればともかく、通常は回答者の主観にゆだねられている。それにもかかわらず、1年前と比べた消費水準の増減について、回答者の年齢別にみると、20歳代については調査時点により回答にばらつきがあるものの、30歳代、40歳代では景気回復初期である2001年を含めいずれの時期においても世帯消費が増加したとの回答になっており、統計でみる動きとも整合的である。

さて、2007年問題として知られるように、雇用の面では、製造現場における技能伝承の必要性が指摘されており、高い技能を有する高齢者の雇用の場の確保が重要な課題となっている。その一

方では、定年退職を迎えるビジネスパーソンたちの消費に注目が集まっている。受け取る退職金をもとにして、旅行等のレジャーあるいはリフォーム等の住宅関連といった消費も今後伸びていくだろうとも期待されている。勤労者短観には調査対象者として60歳代前半で働いている人たちも含まれている[1]。以下では60歳前半の勤労者の収入と消費の関係を探ることにする。

　すでに述べたように、世帯消費は40歳代後半をピークとして徐々に減少していく。前掲「家計調査」によれば、60歳前半の消費支出は31.6万円（2006年）であり、世帯主が40歳代である世帯の支出額とほぼ同額となっている。両者では就業形態は異なっており40歳代は男性では90%が正社員として勤務している（女性は25%）一方、60歳代前半をみると、男性では正社員は37.4%、次は契約社員が34.3%と続き、非正社員としての勤務形態のほうが正社員を上回っている（女性でも正社員の割合は16.4%に低下、パートは約半数で40歳代と60歳代前半とでは変わらないものの、60歳代前半では、契約社員が16.4%とその比率が上昇している）。

　就業形態の違いは賃金収入にも表れている。賃金収入については男性で「1年前と変わらない」が42,4%、「やや減った」が23.2%、「かなり減った」が21.2%となっている。回答者本人の賃金収入300～400万との回答割合は19.2%で最も高く、年金込みでの世帯年収をみても400～500万（回答数割合は15.2%）である。ちなみに40歳代男性の賃金収入として回答割合が最も高い

---

[1] 本書で用いている「勤労者短観」のデータは主に20～59歳を対象としているが、第10回調査（2005年10月調査）以降、調査対象を60代前半層にも拡大している。ただし、60代前半層については、十分なサンプル数を確保するため、「就業構造基本調査」に基づくサンプル割付基準のほぼ4倍、1調査回につき200サンプルとしている。サンプル数および抽出方法については、連合総研ホームページhttp://www.rengo-soken.or.jp/を参照のこと。

収入階層は600〜700万となっている。

　ただ、所得が減少したといっても消費は急に減らせないものである（所得減少の程度にもよるが）。60歳代前半にもそれが当てはまる。1年前と比較した世帯消費をみると、男性で「1年前と変わらない」との回答割合は50.5％であるが、賃金収入が減少しているにもかかわらず、消費が1年前より「やや減った」のは16.2％、「かなり減った」のは4.0％に過ぎず、むしろ消費は「やや増え」てしまっており（23.2％）、消費の慣性効果と考えることができる（金融資産を取り崩し消費に充当している可能性はあるが、勤労者短観では確認できない）。単年のフローではアンバランスになっており、世帯全体の収支をみれば、支出＞収入である。

　「生活の満足度」についても調査しているので収入、消費、生活の満足度の関係を最後にみてみよう。60歳代前半では、支出を収入が上回っているものの、生活の満足度をみると「かなり満足」と「やや満足」の合計で67.5％に上る（生活の満足度についての回答選択肢としては、「かなり満足」「やや満足」「やや不満」「かなり不満」が用意されている）。

　一方、20歳代〜50歳代の回答者に関して収入と消費の関係をみると、世帯収入が減少すれば、世帯消費も減少させている。また世帯年収が400万未満の場合には、生活全般についても不満が高く（「やや不満」と「かなり不満」で58.8％）、400〜600万の場合でも、不満度は45.7％にのぼっている。

　経済統計をみると、需要側統計である「家計調査」では、詳細な家計簿を一定期間記入し世帯として得た収入合計および支出した合計金額を調べている。また、供給側についても小売店等にお

ける販売額を調べることで消費行動を把握できる。勤労者短観における回答は、かならずしも家計簿の金額を比較して回答したものではない。また消費額の水準は調査項目に入っていない。それでも、勤労者短観によって、経済統計で把握される消費の動きを、勤労者の消費に対する意識から把握できるといえよう。

2 所得格差の拡大

1 格差の拡大

　今回の景気回復が実感に乏しい理由の一つは、"格差拡大"といわれるように、景気回復のなかでその恩恵を受けた層と受けていない層が生じ、その偏りが大きいことであった。勤労者短観では、2006年4月に実施した第11回調査において、個人間の収入の差、世帯間における金融資産（貯蓄や株式など）の保有額の差、および、世帯間における不動産（土地や家屋など）の保有額の差、に対する意識を調査した。

　問いは、「あなたは、5年前と比べて、差はどのように変化したと思いますか。あなたご自身の生活実感をもとに、当てはまるものを1つずつ選んでください」であり、「拡大した」、「変化していない」、「縮小した」、「わからない」の4つの選択肢が用意されていた。調査時の5年前すなわち2001年は、勤労者短観が開始された時期であり、「1年前と比較しても賃金は下がっている」し、「今後1年先も下がるだろう」と賃金収入の現状あるいは見通しについては悲観的な見方が大宗を占めていた時期である（図5-1-4）。

その頃と比較しているにもかかわらず、2006年4月時点では、5年前より個人間の収入の差が「拡大した」との回答が63.6％と極めて高かった（図5-2-1）。

この理由を探るため、第1節で触れた賃金の動きを雇用形態別にみることにしよう（図5-2-2）。正社員に関しては、「賃金収入が1年前に比べてやや増えた」、とする割合が20％を超えている一方で、パートやアルバイトは、「変わらない」とする回答が多く、景気が回復してきたといっても、なかなか賃金の改善はみられなかった。正社員と非正社員との間での賃金格差が存在するなかで、賃金改善の遅さが、さらなる収入格差拡大の大きな要因の一つになってきたことは明らかなようだ。なお、正社員（役員）は回答者数がそもそも少なく、その点注意する必要はあるが、第13回調査（2007年4月）においては「かなり増えた」との回答が多くなっていた。企業収益が高く、かつ、この数年間、役員賞与、株主配当への分配が多くなっていることも背景にあると考えられる。しかし、役員の回答をみると「やや減った」との回答も過去をみ

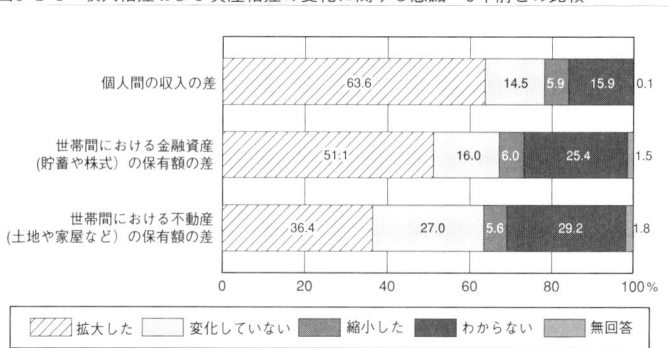

図5-2-1　収入格差および資産格差の変化に関する意識－5年前との比較－

項目	拡大した	変化していない	縮小した	わからない	無回答
個人間の収入の差	63.6	14.5	5.9	15.9	0.1
世帯間における金融資産(貯蓄や株式)の保有額の差	51.1	16.0	6.0	25.4	1.5
世帯間における不動産(土地や家屋など)の保有額の差	36.4	27.0	5.6	29.2	1.8

第5章 ビジネス・パーソンは景気に敏感

図5-2-2 雇用形態別にみた賃金収入の動き（第6回調査以降）

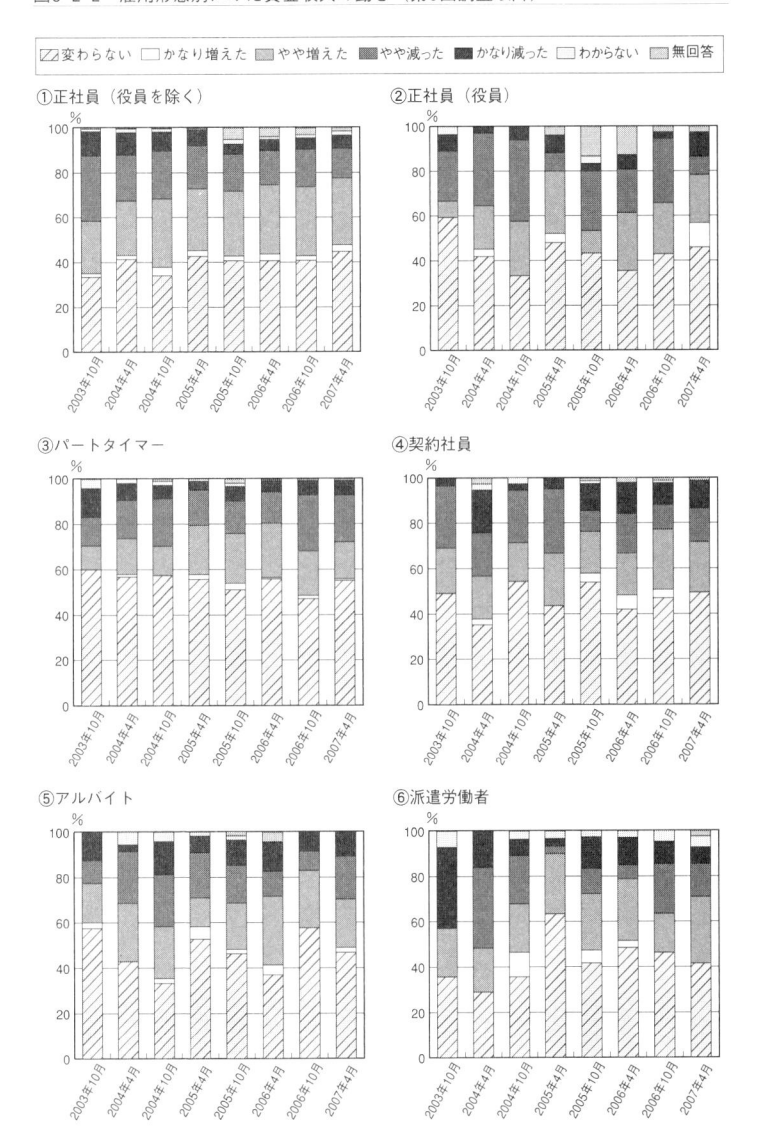

凡例：変わらない／かなり増えた／やや増えた／やや減った／かなり減った／わからない／無回答

①正社員（役員を除く）
②正社員（役員）
③パートタイマー
④契約社員
⑤アルバイト
⑥派遣労働者

ると多いことから企業の業績に給与が連動している可能性があることに注意する必要がある。

　世帯間における金融資産（貯蓄や株式など）の保有額の差が5年前とどう変化したか、との点については、「拡大した」が5割強となっている。しかし、「変わらない」との回答割合も4分の1にのぼっている。金融資産の保有額については、勤労者世帯とそれ以外の世帯では、勤労者世帯以外の世帯のほうが高い。総務省統計局「家計調査」を用いて、今回の景気回復の谷であった2002年と2006年における保有金融資産額の変化をみることにする。勤労者世帯以外の世帯では、2002年から2006年にかけて金融資産は増加している（2,238万円→2,290万円）が、勤労者世帯平均では、金融資産額には変化はみられなかった（2002年1,280万円→2006年1,263万円）。ちなみに、保有金融資産残高が高いのは60歳以上の無職世帯であり（現役引退者と考えられる）、2002年で2,301万円、2006年では2,405万円となっている。勤労者世帯を収入階級別にみれば、収入の高い世帯ほど、保有する金融資産額は多くなっている。2002年と2006年での金融資産保有額を比較すると、年間収入別に10区分した場合の下から第8分位層まではほぼ違いがみられないものの、第9分位層、第10分位層の、いわゆる高所得者層の金融資産保有額は伸びている。2002年では、第10分位層の金融資産保有額の第1分位層の保有額に対する比をみると、2002年では4.58であったのが、2006年には4.67となっている。金融資産の差の拡大は統計からもわかり、生活実感に基づく意識は、決して"いい加減"なものではなく、実態をきわめて正確にとらえていることが確認される。

2 格差拡大の要因

　個人間の収入の差を拡大させた要因として回答者が挙げていたのは、「パート・派遣労働など非正規雇用が増えた」、「失業や就職難などで収入のない人が増えた」、「企業間の業績格差の拡大などにより賃金の差が拡がった」であった。今回の景気回復過程では、地域によって、景気回復の度合いにかなり差がでており、地域格差は大きな問題となっている。雇用環境を例にとると、首都圏や関西圏、東海圏においては雇用環境がきわめて改善した一方、依然として波及効果を受けることが難しい地域もある。しかし、勤労者短観では、首都圏、関西圏を対象地域としていることもあって、「個人間の収入の差を拡大させた要因」として「地方経済の低迷などにより地域間の収入格差が拡大した」とする理由を挙げた割合が低くなっていることには注意しなければならないだろう。

　「収入の差は今後どうなるのがよいか」との問いに対しては「縮小すべき」との回答が最も多くなっていた。年齢別でみると、20歳代が他の層に比べて「個人間の収入差が今後拡大してよい」と思っている割合が高く、「縮小すべき」と思っている人の割合が低い結果となったのである。20歳代の回答者が"個人の収入差が拡大した要因"として挙げた項目は、「本人の選択」、「賃金制度見直し」および「株や不動産投資による高所得者の増加」など、雇用情勢に直接のない項目であったことも格差拡大容認の理由の一つかもしれない。

　しかし、この回答が今後もみられるかどうかは、やや注意を要するところであろう。ここで格差に関する意識を調査した2006年4月を振り返ることにする。2006年は、年明けより格差拡大に関して国会等でも議論され始めた時期であった一方で、2005年から

2006年にかけては株式相場が上昇し、個人株主も増加し、若手IT企業家が注目を浴びた時期であったことが、20歳代の回答の背景として考えられる。その後、2006年夏には、ワーキングプアといわれるような、働いても年収が非常に低い労働者の存在が報道等により明らかになってきた。その後、ネットカフェ難民といわれる労働者（インターネットカフェ等に滞在し自宅を保有しない労働者）の存在も明らかになり、2007年8月には実態調査がなされたところである。

　以上を踏まえれば、勤労者短観として今後、格差に関する調査を再度行えば、格差拡大に対する認識は、若年層も含めて、より高まっていると考えられるのである。

メッセージ　企業で働いている人たちへ：生活実感を大切に

　景気の動向に対する生活実感を大切にしたいものである。経済統計が示す景気の動きは実感でもある程度よくわかるのだ。景気回復期間が長いといっても喜んでいてはいけないだろう。その証拠が拡大している格差の問題である。雇用形態あるいは勤務先の違い、さらには居住地域の違いによって、景気回復の実態が大きく異なっている。自らが置かれている環境とは異なった環境（年齢、勤め先、勤務形態、居住地域）にあるビジネスパーソンへの理解を常に持ちたいものである。

COLUMN 景気に関する意識調査あれこれ

　企業に対して業況を定期的に尋ねる調査は多いが、国民に対するものは数少ない。さらに、勤労者を対象とした調査はほとんど見ることはない。特に、景気の実感把握という観点からは、「勤労者短観」が唯一といってよい。ただ、勤労者短観の対象者の居住地域が首都圏、関西圏であることに留意する必要はある。

　ここでは、勤労者短観に類似した調査を紹介する。この勤労者短観調査によく似たものとして、日本銀行『生活意識に関するアンケート』、内閣府『消費動向調査』がある。『生活意識アンケート』は3ヶ月ごとに実施されており、全国の満20歳以上の個人4,000人が対象である（有効回答率は2007年10月調査では54.5％）。また、職業別にみると、雇用者（会社員、公務員、パート・アルバイト）は回答者全体の約半数に過ぎない。自営業が15％、その他（主婦、学生、年金生活者、無職）が30％となっている（2007年10月調査結果による）。一方、内閣府『消費動向調査』は毎月実施されており、全国6,720世帯（単身世帯が1,680世帯、それ以外の一般世帯は5,040世帯）が対象である。

　『生活意識に関するアンケート』では、「1年前と比べて、今の景気はどう変わりましたか」、「現在の景気をどう感じますか」、「1年後の景気は、今と比べてどうなると思いますか」、といった問いが用意されている。一方、『消費動向調査』では景気ではなく、暮らし向きとして、「お宅の暮らし向きは、今後半年間に今よりも良くなると思いますか」、収入の増え方として、「お宅の収入の増え方は、今後半年間に今よりも大きくなると思いますか」の問いが用意されている。

第6章

権利理解と労働組合
―組合効果のアピールを―

佐藤博樹

Summary

　働き方の多様化や個別化を背景にして、労働者自身が自分の働き方に関わる権利を理解しておくことの重要性が高まっている。しかし、労働に関わる基本的な権利に限定してもその認知度は決して高くない。雇用の安定性が低いなど労働に関わる権利を理解しておくことがより必要な層が、他に比べて認知度が高いわけでないことも気がかりな点である。また非組合員に比べて組合員の認知度がとりわけ高いわけでもない。

　仕事に従事する前に、つまり学校段階において労働に関わる権利に関する教育としての労働者教育をキャリア教育などとあわせて行うことが重要である。労働に関わる法制の変化も大きいことから、学校段階だけでなく、就業後における労働者教育の継続も不可欠となる。労働組合としても組合員に対する労働者教育を充実することが求められよう。

　労働組合の組織率の低下に歯止めがかからないが、その背景には、従来、労働組合の組織率が低かった産業や雇用形態が拡大するなど構造的な要因もあるが、それだけでなく、労働組合が未組織層に対して、労働組合の存在意義や効果を明確に提示したり、積極的に組織化の働きかけをする努力が不十分だったことがあろう。

　未組織層に対して労働組合の存在意義・効果を浸透できるならば、労働組合の組織化の働きかけに応える未組織労働者も増えていこう。

1 労働に関わる権利の認知度

1 労働に関わる権利理解の重要性

　労働者自身が、働くことに関わる労働法制を正確に理解し、労働者としての権利を行使したり勤務先に労働法制を遵守させたりすることの必要性が高まっている。こうした背景には、雇用形態の多様化、新しい労働法制の施行、雇用契約の個別化、さらには労働組合の組織率の低下などがある。この点に関して例を挙げて説明しよう。

　育児・介護休業法は、育児休業の取得を親である労働者の権利として認めており、子育てにかかわる労働者にとっては、この権利を知っておくことの重要性は高い。例えば、育児休業の取得は、就業規則における規定の有無に関係なく、法定の権利として原則1歳までの子を持つ労働者に認められている。しかし、企業とりわけ小規模企業の中には就業規則に育児休業に関する規程を持たないものも少なくない。こうした企業に雇用されている労働者の中には、就業規則に規定がないために、育児休業を取得できないと誤解し、取得を諦める者も少なくない。しかし、子を持つ労働者が、育児休業の権利を理解していれば、就業規則に規程がなくとも、育児休業の取得を企業に求めることができることになる。他方、子どもを持たない社員にとっては、育児休業取得の必要性がないため、その権利を知らなくても不利益を被ることはないと言える。

　また、雇用形態の多様化に対応するために、個々の雇用形態にかかわる労働法制が整備されてきている。具体的な例として労働

者派遣法やパート労働法をあげることができる。このことは就業している雇用形態に応じて、労働者として知っておくべき法知識が異なることを意味する。労働者派遣法の知識は、派遣スタッフとして雇用されている者にとっては不可欠なものとなるが、それ以外の雇用形態に従事する者には不要である。同じくパート労働法もパート社員として働く者にとっては理解しておくことが望ましい法知識となる。

他方で、労働組合の組織率の低下によって、組合加入者が減少しただけでなく、労働組合が組織されてない事業所に働く労働者が増えている。こうした結果、労働者は、労働法制に則った労働条件や働き方が勤務先で遵守されているどうかを、労働組合を通じてチェックすることや、労働法制に関する知識を労働組合から得ることが難しくなっている。

雇用形態の多様化や労働組合の組織率低下を背景として、労働者が労働に関わる権利を行使したり勤務先に労働法制を遵守させたりするためには、自分の雇用形態や生活に関わる法知識を正しく理解し、それを活用することが益々重要なものとなっている。こうした法知識があれば、勤務先に労働組合が組織されていなくとも、また勤め先の人事労務管理や労働条件が不適切なものであっても、自分の働き方に関わる権利を守ることができる可能性が高くなろう。もちろんこのことは労働組合に加入している労働者にも当てはまる。なぜなら、労働法制に則った労働条件や働き方が職場で遵守されているかを実際にチェックできるのは、職場で働いている労働者自身であることによる。

2 労働に関わる権利の認知度

　上述した問題関心から本章の前半では労働に関わる法知識を取り上げ、労働者がどの程度それらを知っているかどうかを分析する。勤労者短観の第5回調査と第13回調査では、労働に関わる基本的な権利を取り上げて、それぞれの認知度を調べている。両調査では、設問の内容や選択肢が異なるため、両者での推移を厳密に比較することができない。ここでは第13回調査を取り上げることにする[1]。

　第13回調査の結果は、表6-1-1のようになる。取り上げた6つの基本的な権利の内容は表の注を参照されたい。同表で雇用者計の労働に関わる基本的な権利の認知度をみると、取り上げた6つの権利の中では、雇用保険の認知度が最も高く90.8％となり、これに有給休暇が77.0％、最低賃金が68.0％で続いている。他方、労働組合の結成に関わる団結権の認知度は30.3％でしかない。残業手当や育児休業は50％前後の理解度となる。このように労働に関わる基本的な権利であっても認知度にばらつきが大きいことが確認できる。また、6つの権利の中では、団結権の認知度の低さが際だっていることが注目される。勤労者短観では取り上げていないが、労働者派遣法など特定の雇用形態に関わる法知識になれば、雇用者全体でみた認知度はきわめて低い可能性が高い。

　さらに雇用形態別に見ると、パート・アルバイトでは、いずれについても正社員や契約社員・派遣社員に比べて認知度が低く、団結権は10.0％、残業手当は31.0％の認知度でしかない。

1　原ひろみ・佐藤博樹（2005）「組合支持と権利理解」は、勤労短観の第5回調査を利用して、労働者の権利の理解状況とともに、権利理解と労働組合支持との関係を分析している。

表6-1-1 雇用形態別にみた労働に関する権利認知度（第13回）

(%)

	雇用保険	最低賃金	残業手当	有給休暇	団結権	育児休業	計（人）
正社員	90.3	69.7	62.3	80.2	37.1	50.5	515
パート・アルバイト	87.6	59.7	31.0	62.0	10.1	37.2	129
契約・派遣	100.0	70.8	51.4	80.6	18.1	41.7	72
計	90.8	68.0	55.6	77.0	30.3	47.2	716

（注）計には雇用形態の不明を含む。
(1) 下記6つの労働に関わる権利それぞれの認知の有無を尋ねた。
　①雇用保険：失業しても、ハローワーク（公共職業安定所）に行って自分で手続きをしなければ、失業手当はもらえない
　②最低賃金：人を雇う時には、必ず一定以上の時間給を支払う必要がある
　③残業手当：雇われて働いている人は、法定労働時間（週40時間）を超えて残業した場合は割増賃金を請求できる
　④有給休暇：雇われて働いている人は、年間一定日数の有給休暇を請求できる
　⑤団結権：雇われて働いている人は、誰でも労働組合を作ることができる
　⑥育児休業：雇われて働いている人は申し出ることにより原則として子が1歳に達するまでの間、育児休業をすることができる
(2) 無回答を除く。

3 権利認知度得点からみた特徴

　労働に関わる権利の認知度を雇用形態別だけでなく、性別や学歴別や年齢別など属性別に比較できるように権利認知度得点を作成して、その結果を検討しよう。権利認知度得点は、認知していた権利の数を合計したものである。認知度得点は、6つのすべてを認知していた場合が6点で、6つのいずれも認知していない場合が0点となる。調査で採用した設問の形式のため、6つのすべての権利に無回答であった者と6つの権利のすべてを知らなかった者を区別できない。そのため0点となった22人に関しては、無回答と判断して分析から除外し、716人を分析対象とした。こうした結果、権利認知度得点は6点から1点となる。表6-1-1の集計も同

表6-1-2 権利認知度得点（第13回）

	人数	%
1	66	9.2
2	122	17.0
3	141	19.7
4	145	20.3
5	124	17.3
6	118	16.5
合計	716	100

様に無回答を除いている。

　権利認知度得点の分布は表6-1-2のようになった。権利認知度得点の平均は3.69で、認知度が低い1点が9.2％、認知度が高い6点が16.5％で、比率が多かったのは4点の20.3％と3点の19.7％であった。このように調査で取り上げた6つの権利のうち3つあるいは4つを認知していた者が多いが、認知度得点は1点から6点まで幅広く分布している。調査では、労働に関わる基本的権利を取り上げたが、雇用者の間では、労働に関わる権利の認知度のばらつきが相当大きいことが確認できる。

　つぎに認知度得点のばらつきを属性別に見てみよう。表6-1-3によると、男女別では女性（3.30）が、年齢階層別では20歳代（3.47）が、学歴別では中卒・高卒（3.41）と専修・各種学校、短大・高専（3.39）が、企業規模別では99人以下規模（3.29）が、雇用形態別ではパート・アルバイト（2.88）が、労働組合加入の有無では現在も過去にも加入していない者（3.42）が、他に比べ

表6-1-3　権利認知度得点（第13回）

(点)

		得点（平均点）
	計	3.69
雇用形態別	正社員	3.90
	パート・アルバイト	2.88
	契約・派遣	3.63
性別	男性	3.93
	女性	3.30
学歴別	中卒・高卒	3.41
	専修・各種学校、短大、高専卒	3.39
	大学・大学院卒	4.03
年齢別	２０歳代	3.47
	３０歳代	3.85
	４０歳代	3.69
	５０歳代	3.70

認知度が低い。この結果によると、一般的に雇用が不安定だったり、労働条件が未整備だったりする可能性が高い小規模企業やパート・アルバイトとして働く者で認知度が低いことが気がかりな点となる。さらに、表6-1-4で失業不安の高低と権利認知度の関係をみると、両者の間に明確な関係は認められない。言い換えれば、権利理解の必要度が高いと想定される失業不安が高い者でも他に比べて権利の認知度が高いわけではないのである。

　労働に関わる権利の認知度は、働く人々の間でばらつきが大きいことが明らかにされた。つまり、権利を良く理解している人とあまり理解していない人がいるのである。さらに、多変量解析を用いて、様々な要因の中で何が権利認知度の高低を強く規定して

第6章　権利理解と労働組合

表6-1-4　失業不安別に見た権利認知度得点（第13回）

	得点（平均値）	人数
かなり感じる	3.76	25
やや感じる	3.40	103
あまり感じない	3.70	250
ほとんど感じない	3.87	245
わからない	3.48	85

いるのかを明らかにするとともに、権利の認知がより必要な人がそれを認知しているかどうかを検討しよう。

そこで、表6-1-3の属性に職種や収入などを追加して、権利認知度を規定する要因に関する多変量解析を行った。その結果が表6-1-5である。同表によると、権利認知度は、管理職、労働組合に現在加入している者あるいは過去に加入していた者、収入が600万円以上の者で相対的に高いことが明らかとなった。つまり、労働組合に加入していることあるいは過去における加入経験は、権利に関する認知度の向上に寄与している。他方、失業不安の有無では、失業不安が高い者で権利認知度が低下する傾向が、また、パート・アルバイトで権利認知度が低くなる傾向が見られるが、いずれも有意な関係ではない。

上記によれば、他の要因をコントロールすると、労働に関わる権利を守る必要性が高い者、例えば失業不安のある者やパート・アルバイトにおいて、権利認知度が有意に低いわけでないことが明らかにされた。また、労働組合の組織率の低下は、労働者の権利の認知度を高める効果を弱める可能性を示唆する。

表6-1-5 権利認知度得点を従属変数とした重回帰分析（第13回）

	非標準化係数 B	標準誤差	標準化係数 ベータ
女性	-0.075	0.188	-0.023
[20代ダミー]			
30代ダミー	0.017	0.185	0.005
40代ダミー	-0.121	0.208	-0.033
50代ダミー	-0.233	0.214	-0.063
[中学・高校卒]			
専修・各種学校、短大・高専卒	-0.049	0.185	-0.013
四年制大卒、大学院修了	0.209	0.164	0.067
[正社員]			
パート・アルバイト	-0.253	0.291	-0.059
契約・派遣	0.481	0.272	0.087 +
管理職	0.695	0.255	0.153 **
専門・技術職	0.093	0.178	0.026
事務職	0.233	0.186	0.065
[営業・販売、サービス職]			
保安・警備、運輸・通信、生産	0.200	0.250	0.037
[99人以下]			
100-999人	0.143	0.161	0.042
1000人以上	0.338	0.184	0.103 +
[0-199万円]			
200-400万円未満	0.220	0.260	0.062
400-600万円未満	0.265	0.306	0.073
600万円以上	0.687	0.342	0.200 *
失業不安	-0.013	0.079	-0.007
[組合未加入]			
労働組合に加入しているダミー	0.389	0.183	0.110 *
過去に加入していたダミー	0.353	0.174	0.087 *
（定数）	2.944	0.364	**
F値	5.372 ***		
調整済みR2乗	0.135		
N	562		

※ ** <.01, * <.05, + <.1 [ ]内は、レファレンス・カテゴリー

2 労働組合への加入意向と労働組合の必要性

1 低下する労働組合組織率

　労働組合の組織率の低下傾向に歯止めがかからない状況にある[2]。厚生労働省『労働組合基礎調査』によると、日本の労働組合の組織率は2003年6月には19.6%となり、1947年の調査開始以降初めて20%を切り、2006年の組織率は18.2%である。日本の労働組合組織率が低下傾向を見せ始めたのは70年代後半からである。90年代前半までの組織率低下は、雇用者の増加に労働組合員数の増加が伴わなかったことによるものであった。その後、1995年には1,260万人を超えていた労働組合員数が2003年には1,053万人となり、90年代後半以降は労働組合員数そのものが減少したことが組織率低下を引き起こした。

　組織率低下の原因として、労働組合が組織されている組織企業における人員削減など既存組合員が大幅に減ったこと、およびサービス経済化などの産業構造やパート・アルバイトの増加など就業形態の変化などが新規組織率を低下させていることなどがある。しかし、こうした構造要因だけが組織率低下の原因ではない。労働組合が組織されていない無組合企業における労働者の労働組合に対する支持が低いことや、組織化可能な労働者の組織化に既存の労働組合が十分に取り組んでこなかったことなども、組織率低下の主な原因として指摘されている。さらに、労働者の権利認知度の低下も組織率低下の一つの要因である可能性を指摘できる。

2　労働組合組織率の要因分析に関しては中村（2005）を参照されたい。

労働組合への加盟の必要性を認識していても、そのことが労働者の権利であると理解している場合と理解していない場合では、そうした必要性を実現する意欲が異なるものになると考えられることによる。そこでまず、他の調査を取りあげ、労働組合を組織する権利である団結権に関する認知度の推移を取り上げよう。

2 団結権に関する認知度の低下

勤労者短観で取り上げた労働に関わる基本的な権利のなかで、団結権の認知度がとりわけ低いことを指摘したが、団結権に関しては、その認知度の推移をかなり長期に確認することができる。

NHK放送文化研究所は、1973年から5年ごとに全国16歳以上の男女を対象に大規模な世論調査を実施しており、その中で、「労働組合をつくること（団結権）」が憲法で決められた国民の権利であることを知っている者の割合を調べている。それによると、団結権を国民の権利として理解している者が調査毎に減少してきていることが明らかにされている（NHK放送文化研究所、2003）。1973年では団結権を国民の権利として理解していた者は39.4％であったが、その後、減少の一途を辿り、1983年には28.9％と30％を下回り、2003年には20.4％と低下し、5人に一人しか理解していない状況となっている。団結権についての理解に関する調査結果から、日本の国民としてみた場合、労働者の権利に関する全般的な理解が低下している可能性がうかがわれる。

3 労働組合への加入状況

勤労者短観の第2回から第13回の累積データ（9179人）を利用して労働組合への加入状況をみよう。表6-2-1によると、組合員

第6章 権利理解と労働組合

表6-2-1 雇用形態別にみた労働組合加入状況（第2回から第13回）

(%)

<table>
<tr><th colspan="2"></th><th colspan="5">労働組合への加入</th><th>合計</th></tr>
<tr><th colspan="2"></th><th>勤め先にある労働組合に加入している</th><th>勤め先以外の労働組合に加入している</th><th>現在は加入していないが過去に加入していた</th><th>加入したことがない</th><th>無回答</th><th>(人)</th></tr>
<tr><td rowspan="4">正社員</td><td>労働組合がある</td><td>71.3</td><td>0.3</td><td>22.3</td><td>5.4</td><td>0.6</td><td>2933</td></tr>
<tr><td>労働組合がない</td><td>0.2</td><td>0.6</td><td>35.4</td><td>53.6</td><td>10.1</td><td>3307</td></tr>
<tr><td>労働組合があるかどうかわからない</td><td>3.5</td><td>0.6</td><td>26.0</td><td>59.4</td><td>10.5</td><td>315</td></tr>
<tr><td>計</td><td>31.9</td><td>0.5</td><td>28.8</td><td>32.1</td><td>6.8</td><td>6627</td></tr>
<tr><td rowspan="4">パート・アルバイト</td><td>労働組合がある</td><td>23.2</td><td>1.2</td><td>29.2</td><td>45.5</td><td>0.9</td><td>336</td></tr>
<tr><td>労働組合がない</td><td>0.0</td><td>0.0</td><td>39.1</td><td>51.1</td><td>9.8</td><td>820</td></tr>
<tr><td>労働組合があるかどうかわからない</td><td>0.2</td><td>0.2</td><td>33.4</td><td>62.2</td><td>4.0</td><td>524</td></tr>
<tr><td>計</td><td>4.6</td><td>0.3</td><td>34.7</td><td>52.4</td><td>8.0</td><td>1721</td></tr>
<tr><td rowspan="4">契約・派遣</td><td>労働組合がある</td><td>28.2</td><td>0.9</td><td>33.8</td><td>37.2</td><td>0.0</td><td>234</td></tr>
<tr><td>労働組合がない</td><td>0.0</td><td>0.7</td><td>39.8</td><td>53.6</td><td>5.9</td><td>304</td></tr>
<tr><td>労働組合があるかどうかわからない</td><td>1.2</td><td>0.0</td><td>31.2</td><td>64.0</td><td>3.6</td><td>250</td></tr>
<tr><td>計</td><td>8.7</td><td>0.5</td><td>35.0</td><td>51.6</td><td>4.3</td><td>795</td></tr>
<tr><td rowspan="4">その他</td><td>労働組合がある</td><td>43.8</td><td>0.0</td><td>31.3</td><td>25.0</td><td>0.0</td><td>16</td></tr>
<tr><td>労働組合がない</td><td>0.0</td><td>0.0</td><td>38.5</td><td>61.5</td><td>0.0</td><td>13</td></tr>
<tr><td>労働組合があるかどうかわからない</td><td>0.0</td><td>0.0</td><td>14.3</td><td>71.4</td><td>14.3</td><td>7</td></tr>
<tr><td>計</td><td>19.4</td><td>0.0</td><td>30.6</td><td>47.2</td><td>2.8</td><td>36</td></tr>
</table>

(注) 各雇用形態の計には無回答を含む。

は回答者の25.1％と4分の1でしかなく（このうち24.7％は勤務先に組織されている労働組合に加入）、4分の3は非組合員である。ただし、非組合員（68.1％）のうち半数弱（30.5％）は以前に組合員であった経験があることが注目される。これまでに労働組合に一度も加盟したことのない者は、37.6％と4割を下回る。非組合員のすべてが、労働組合と関係がまったくないわけではない。

雇用形態によって労働組合への加入状況が異なり、正社員では

32.4％が組合員であるが、非正社員では組合員比率が低くなり、組合員比率はパート・アルバイトで4.9％、契約・派遣で9.2％とそれぞれ10％を下回る。正社員と非正社員で組織率の落差が大きいことが確認できる。この落差の背景には、既存の労働組合の多くが、これまでは正社員を主に組織化し、非正社員の組織化に十分に取り組んでこなかったことがある。ちなみに勤務先に労働組合が組織されている場合では、正社員の71.3％が勤務先に組織された労働組合の組合員であるが、他方、非正社員のパート・アルバイトでは、勤務先に労働組合が組織されていても、勤務先の労働組合に加入している者は23.2％でしかない。労働組合の組織化への取り組みの遅れを確認できる。

　なお、パート・アルバイトや契約・派遣で組合員である者の場合を見ると、加入している労働組合は、勤務先に組織されたものつまり企業別組合が主となる。つまり、非正社員でも勤務先に組織された労働組合が組織化することが可能と言える。

　現在は非組合員であっても過去に組合員であった者には3つの類型があると考えられる。それらは、a）組合員であった者が非組合員である管理職のポストに就いたケース（社内昇進と転職による場合の2つの下位類型がある）、b）組合員であった者が無組合企業に転職して非組合員となるケース、c）組合員が労働組合を脱退し非組合員のとなるケースなどである。a）に含まれる2つの下位類型では、転職ではなく企業内で管理職に昇進した者が多いと考えられる。ちなみに、正社員でかつ管理職である者（1263人）のうち過去に組合員であった者は56.0％と半数を超えている。b）には、正社員として転職あるいは再就業した企業に労働組合が組織されておらず非組合員となった場合と、転職あるいは再就

業した雇用形態がパート・アルバイトでかつ転職先に労働組合が組織されていないケースと労働組合が組織されていてもパート・アルバイトを組織化していないために非組合員となったケースなどが含まれていよう。

4 労働組合の必要性

労働組合の組織率の低下傾向が続いている結果、労働組合に加入している組合員が減少し、非組合員が増加していることが確認できた。こうした組合員の減少・非組合員の増加の背景には、働いている人々自身が「労働組合は不要」と考えていることがあるのであろうか。この点を検討しよう。

勤労者短観は、第5回調査から第13回調査の9回の調査で労働組合の必要性つまり存在意義を調べている（6955人）。表6-2-2の調査結果によると、労働組合について「労働組合はない方がよい」（組合不要派）とその存在意義を認めない者は3.3％ときわめて少

表6-2-2　雇用形態別に見た 労働組合の必要性（第5回から第13回）

(％)

		労働組合は是非必要だ	労働組合はどちらかといえばあった方がよい	労働組合はあってもなくてもよい	労働組合はない方がよい	無回答	合計(人)
就業形態	正社員	26.1	41.5	23.1	3.8	5.4	4973
	パート・アルバイト	13.9	50.3	28.1	1.9	5.8	1319
	契約・派遣	20.4	50.1	24.0	2.7	2.8	637
	その他	30.8	53.8	11.5	3.8	0.0	26
合計		23.3	44.0	24.1	3.3	5.2	6955

ないことがわかる。他方、労働組合の必要性を積極的に認める「労働組合は是非必要だ」（積極的必要派）は23.3％で、消極的であるが労働組合の必要を認める「労働組合はどちらかといえばあった方がよい」（消極的必要派）が44.0％となる。このほかは、「労働組合はあってもなくてもよい」（中立派）が24.1％である。積極的必要派と消極的必要派を合計した＜必要派＞は67.3％と7割近くで、非組合員が増加しているものの、労働組合の存在意義を認識している者が多いことが確認できる。

正社員と非正社員で労働組合の必要性に関する考えを比較すると、それは両者におけるに労働組合の加入率ほどには差が大きくないことがわかる。もちろん両者で積極的必要派と消極的必要派の比重は異なるが、両者を合計した＜必要派＞は、正社員が67.6％であるのに対して、非正社員のパート・アルバイトで64.2％、契約・派遣で70.5％となる。つまり、非正社員では、正社員に比べて積極的必要派が少なくなるものの、＜必要派＞が大きく減少しているわけではない。非正社員では、非組合員が多いが、その背景に組合不要派や中立派の増加があるわけではないのである。

さらに、表6-2-3で組合加入の有無別に労働組合の必要性に関する考えを見ると、組合加入の有無に関係なくいずれでも組合無用派はきわめて少ない。しかし、現在組合員（勤め先の組合に加入と勤め先以外の組合に加入）、以前組合員、一度も組合に加入したことがないの順で、積極的必要派が多くなり、他方、逆の順で中立派が多くなる。つまり、非組合員では、現在組合員や以前組合員に比べて、中立派と消極的必要派が多くなり、非組合員の組

表6-2-3 労働組合への加入有無と 労働組合の必要性（第5回から第13回）

(%)

		労働組合は是非必要だ	労働組合はどちらかといえばあった方がよい	労働組合はあってもなくてもよい	労働組合はない方がよい	無回答	合計（人）
労働組合への加入の有無	勤め先にある労働組合に加入している	39.1	36.0	12.9	1.8	10.3	1687
	勤め先以外の労働組合に加入している	40.7	33.3	7.4	3.7	14.8	27
	現在は加入していないが過去に加入していた	26.2	49.7	20.2	3.4	0.5	1271
	加入したことがない	15.7	47.4	31.7	4.0	1.2	3453
	無回答	15.1	34.2	20.1	3.5	27.1	517
合計		23.3	44.0	24.1	3.3	5.2	6955

織化を進めるためには、この点への留意が必要となる。

5 労働組合の必要性を規定する要因

　労働組合の必要性に関する考えでは、労働組合不要派は少ないものの、積極的必要派、消極的必要派、中立派の3つが存在し、それぞれの比率が、正社員と非正社員、組合員と非組合員で異なることが明らかにされた。そこで、働く人々の間で、労働組合の必要性に関する考え方が異なる背景要因を探ることにしよう。

　勤労者短観の第5回調査では、労働組合の必要性に関する考え方と同時に、労働組合の効果として何が認識されているかを調べている。この設問を利用して、労働組合の必要性に関する考え方が分かれる背景要因を探ることにしたい。労働組合の効果に関する設問は、「労働組合の活動は、組合員にどのような影響を与えて

いると思いますか」と尋ねて、15選択項目から組合員の対する影響としてあてはまるものをすべて選択するものである。15のうち13の選択肢は、組合員にプラスの効果をもたらすものである。残りの2つの選択肢は、14「その他」と15「何も影響もない」である（回答者計で「その他」が0.7％、「何も影響はない」が10.6％）。労働組合のプラスの効果の選択肢は、1:雇用が安定する、2:賃金水準が維持・改善される、3:ボーナスが維持・改善される、4:退職金が維持・改善される、5:倒産時などいざという時に役立つ、6:経営に関する情報が入手できる、7:有給休暇がとりやすくなる、8:仕事の負荷が減る、9:サービス残業が少なくなる、10:不公正な労働条件格差が少なくなる、11:組合員の働きぶりが公正に評価される、12:組合員の意思や要求が経営に反映される、13:組合員の不満・苦情を経営側に伝えやすくなるである。

　図6-2-1で労働組合の必要性に関する考え方と労働組合の効果に関する認識の関係を見ると、積極的必要派、消極的必要派、中立派、労働組合不要派の順で、労働組合のプラスの効果としてあげた13の選択項目の指摘率が高いここが明確である。つまり、労働組合に関して積極的必要派は、労働組合の効果を認識する者が多く、他方、中立派や不要派では効果を認識する者が少なくなる。データは示さないが、このことは労働組合未加入者だけを取り出しても当てはまる。従って、労働組合の必要性を働く人々の間に浸透させていくためには、労働組合の効果つまり存在意義が認識できるような活動や広報を行うことが重要となる。

6 労働組合への加入意向

　勤労者短観の第5回から第13回に関して労働組合に加入してい

第6章 権利理解と労働組合

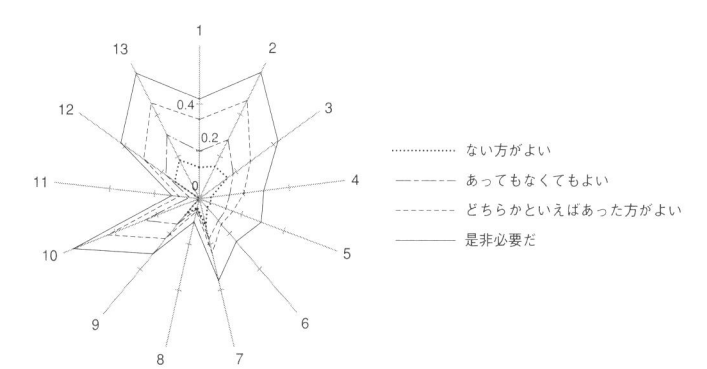

図6-2-1　労働組合の必要性と組合効果の指摘率（第5回調査）

（注）軸の数値は、1:雇用が安定する、2:賃金水準が維持・改善される、3:ボーナスが維持・改善される、4:退職金が維持・改善される、5:倒産時などいざという時に役立つ、6:経営に関する情報が入手できる、7:有給休暇がとりやすくなる、8:仕事の負荷が減る、9:サービス残業が少なくなる、10:不公正な労働条件格差が少なくなる、11:組合員の働きぶりが公正に評価される、12:組合員の意思や要求が経営に反映される、13:組合員の不満・苦情を経営側に伝えやすくなる、を表す。

ない組合未加入者を取り出して、労働組合への加入意向を見ると、「よくわからない」が52.7％と半数で最も多くなるが、「加入したくない」は22.7％とそれほど多くなく、「加入したい」が5.3％、「声をかけられたら加入したい」が14.5％となる（表6-2-4）。非正社員のなかで比重が大きくかつ組合未加入者が多いパート・アルバイトでも、「加入したい」が3.2％、「声をかけられたら加入したい」が12.9％となる。

　この結果は、既存の労働組合が組織化を働きかければ、労働組合に加入する可能性のある組合未加入者が一定程度存在することがわかる。また、「よくわからない」と回答した層は、労働組合の働きかけで態度が変わる可能性も高いと考えられる。

さらに労働組合の必要性と労働組合への加入意向の関係を見ると、必要性があるとした者では加入意向が高くなる（表6-2-5）。つまり、組合未加入者の組織化を進めるためには、未加入者に労働組合の必要性を理解してもらうことが先決であり、それと同時

表6-2-4　雇用形態別に見た労働組合の加入（第5回から第13回）

(%)

	加入したい	声をかけられたら加入してもよい	加入したくない	よくわからない	無回答	合計(人)
正社員	6.0	14.4	25.5	48.2	5.9	3019
パート・アルバイト	3.2	12.9	18.4	62.6	3.0	1135
契約・派遣	5.6	18.4	16.4	57.4	2.2	549
その他	4.8	19.0	14.3	52.4	9.5	21
合計	5.3	14.5	22.7	52.7	4.8	4724

表6-2-5　労働組合の必要性と労働組合加入意向（第5回から第13回）

(%)

	加入したい	声をかけられたら加入してもよい	加入したくない	よくわからない	無回答	合計(人)
労働組合は是非必要だ	21.4	25.2	11.8	34.2	7.4	874
労働組合はどちらかといえばあった方がよい	2.6	18.2	17.6	56.9	4.6	2269
労働組合はあってもなくてもよい	0.2	3.8	32.1	61.1	2.8	1352
労働組合はない方がよい	0.0	0.5	71.4	23.6	4.4	182
無回答	0.0	2.1	12.8	66.0	19.1	47
合計	5.3	14.5	22.7	52.7	4.8	4724

に組織化の働きかけを行うことが重要となる。また、既に述べたように労働組合の必要性も理解してもらうためには、労働組合の存在意義に関する活動や広報が必要になる。

<参考文献>
原ひろみ・佐藤博樹 (2005)「組合支持と権利理解」中村圭介・連合総合生活開発研究所編『衰退か再生か・労働組合活性化への道』勁草書房。
中村圭介 (2005)「縮む労働組合」中村圭介・連合総合生活開発研究所編『衰退か再生か・労働組合活性化への道』勁草書房。
NHK放送文化研究所編 (2004)『現代日本人の意識構造 (第6版)』日本放送出版協会。

メッセージ　労働組合も高校における労働者教育への支援を

　若者の就業意識や職業意識を高めるために、高校など在学中における職業教育が整備されつつある。しかし、就業意識の啓発だけでなく、労働市場において若者が意欲や能力を活かせる働き方を実現できるためには、労働に関わる法的な知識を身につけていることが不可欠である。不払い残業など労働基準法違反などが社会問題となっているが、労働法制に関する基本的な知識があれば、残業したにも関わらず割増賃金の支払いがない場合にも、それを違法と認識でき、対処することができる。しかし、本章の分析にあるように、働いている雇用者でも労働に関わる基本的な権利に関する理解は十分なものではない。さらに、高校生を対象とした調査に基づいて、労働者としての基本的な権利として、労働組合結成、残業手当支払い、最低賃金保障、有給休暇取得の4つを取り上げて、権利認知度尺度（0点から4点の5点尺度）を作成すると、平均は1.98点となり、もっとも多いのは2点（4つのうち2つのみを認知）で40.0％であった。4点（すべて認知）はわずか3.8％であるのに対し、0点（いずれも認知しておらず）も7.2％と少なくない比率となった。この結果によると、多くの高校生が労働者の権利を必ずしも十分に理解しないまま卒業し、進学や就職しているのが現状である。

　さらに、卒業後の進路を「進学」、「正社員内定」、「正社員未内定」、「フリーター、未定」の4つに分け、それぞれの理解度の平均点を求めると、卒業後すぐに就職する者は、進学する者よりも権利の理解度が低く、また就職する者のなかでも、内定を得ていなかったり、フリーターなど不安定な労働条件の下で働くことが

予想されたりする者ほど権利の理解度が低くなる。また、正社員として内定を得ている者を取り出すと、就職先企業に不満を持っており、今後転職や失業を経験する可能性が高い者ほど理解度が低い傾向にある。就職する者のなかでも特に不安定だったり不利な労働条件の下で働いたり、今後の職業生活で転職や失業を経験したりする可能性が高い者ほど、労働に関わる基本的な権利を理解していない現状があることを指摘できる。

　高校生においても、労働に関わる基本的な権利に関する理解が必要な者ほどその理解が不十分な現状がある。他方、同上調査によれば、高校における就職指導の中で、社会人や卒業生の体験談を聞かせたり、働く現場を体験させたりすることが、労働に関わる基本的な権利についての高校生の理解を高める上で有効であることが明らかにされている。こうしたことから、学校教育におけるこうした労働に関わる基本的な権利理解に関わる活動を支援したり、積極的に参加したりすることが、労働組合の有益な社会貢献活動となるだけでなく、労働組合の必要性に関する理解促進も貢献できよう。

　（詳しくは、佐藤博樹・高橋康司（2005）「労働のセーフティーネットを使いこなすためには何が必要か」『若年者の就業行動・意識と少子高齢社会の関連に関する実証研究：厚生労働科学研究費補助金 政策科学推進研究事業 平成16年度 総括研究報告書』を参照されたい）。

第7章

劇場政治と勤労者
―問われるこれからの選択―

前田幸男

Summary

　小泉政権後期における勤労者の政治的態度を分析するのが本章の目的である。第1節では勤労者の政党支持を検討している。1980年代までは歳を取ると自民党支持へ変化する傾向があったが、2000年代の今日加齢による自民党支持への変化は既に過去のものになった。ただし、それは人々が他党を支持するのではなく、支持なしにとどまることを意味する。働き方との関連をみると、大企業に務める人や管理職では自民党支持率と民主党支持率は拮抗しているのに、事務職や労務職で自民党支持率の方が民主党支持率よりも高い。また就業形態では、パートや契約・派遣でやはり自民党が民主党に差を付けている。自民党が裾野の広い支持を持っているのに対して、民主党の支持は大企業高学歴ホワイトカラー層に集中しており、経済的に弱い立場にある人たちには魅力的に見えていないことがわかる。

　第2節では個別選挙に対して勤労者がいかに反応したかを分析している。2003年総選挙については職場での不安が間接的に投票選択に影響を与えたことを明らかにする。職場や仕事について不安を持つ人たちは、景気対策や厚生年金で政府の対策を不十分と考えて、民主党に投票した。同じく、2004年参議院選挙では小泉内閣に対する不満の受け皿の役割を民主党は果たした。ただし、2005年総選挙では自民党の政策（郵政民営化）が民間企業に勤める人々に非常に魅力的に映ったようであり、自民党圧勝の要因となったと考えられる。ただし、郵政民営化に代表される小泉構造改革が示した将来像は、全ての勤労者が共感を覚えるものではな

い。構造改革の負の部分にどう対処するかが、今後の選挙における主要な政策的対立軸になるのではないだろうか。

1 働き方と政党支持

1 自民安定の下で民主党への期待も
：三つの内閣と世論の潮流

・小泉内閣と構造改革

　本章で検討するのは、2000年4月から2007年4月までの勤労者短観のデータであるが、この7年の間に如何なる政治的変化が起きたかをごく簡単に確認したい。図7-1-1のグラフは、森・小泉・安倍内閣の期間について、時事通信社が行っている月例世論調査の内閣支持率と政党支持率（自民・民主・支持なし）の数値を掲載したものである。内閣支持率、政党支持率とも調査方法や調査主体により数値が20％近く異なることもあるが、時間の経過とともに生ずる変化を探る上では、どの調査を見ても基本的に問題ない。

　勤労者短観が始まったのは2000年4月5日に第1次森内閣が成立した直後のことである。その2ヶ月後の6月に行われた総選挙で自民党は議席を大幅に減らした。同年11月には加藤紘一・元幹事長が公然と森政権を批判し、野党が提出する内閣不信任案に賛成する意向を示したことから、政局は一気に緊迫した。しかし、小選挙区における候補者公認権をちらつかせた自民党執行部による加

図7-1-1　政党支持率と内閣支持率：2000年4月〜2007年7月

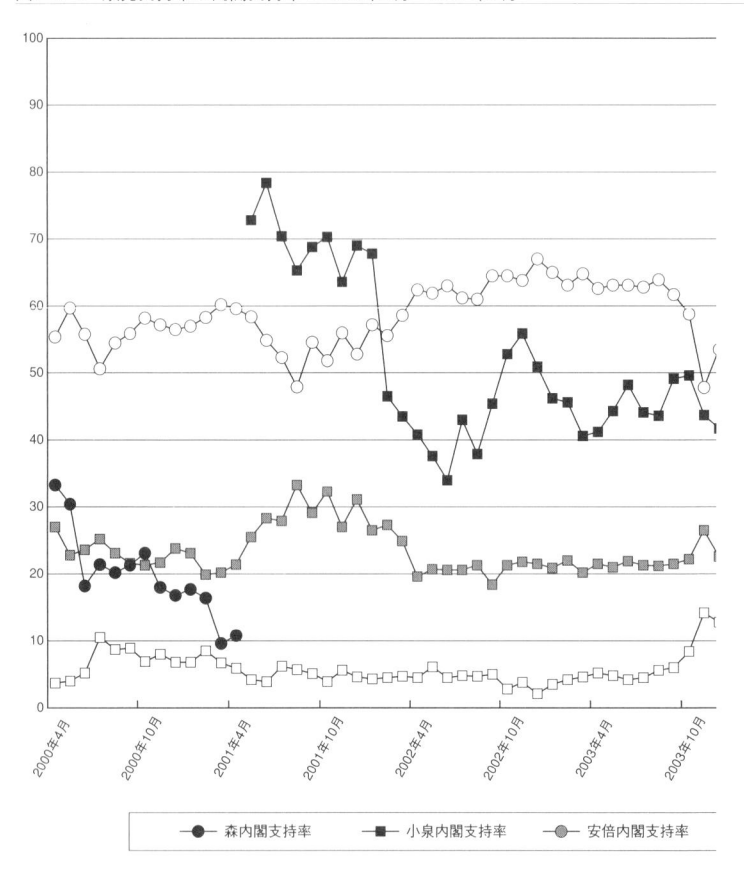

(出所)　時事世論特報。

藤派議員に対する切り崩しもあり、いわゆる「加藤の乱」は不発に終わる。ただし、森内閣の支持率はそれ以降も下降し、最後はアメリカ海軍の原子力潜水艦が日本の漁業実習船えひめ丸に追突した際の対応のまずさを引き金に退陣を余儀なくされた。

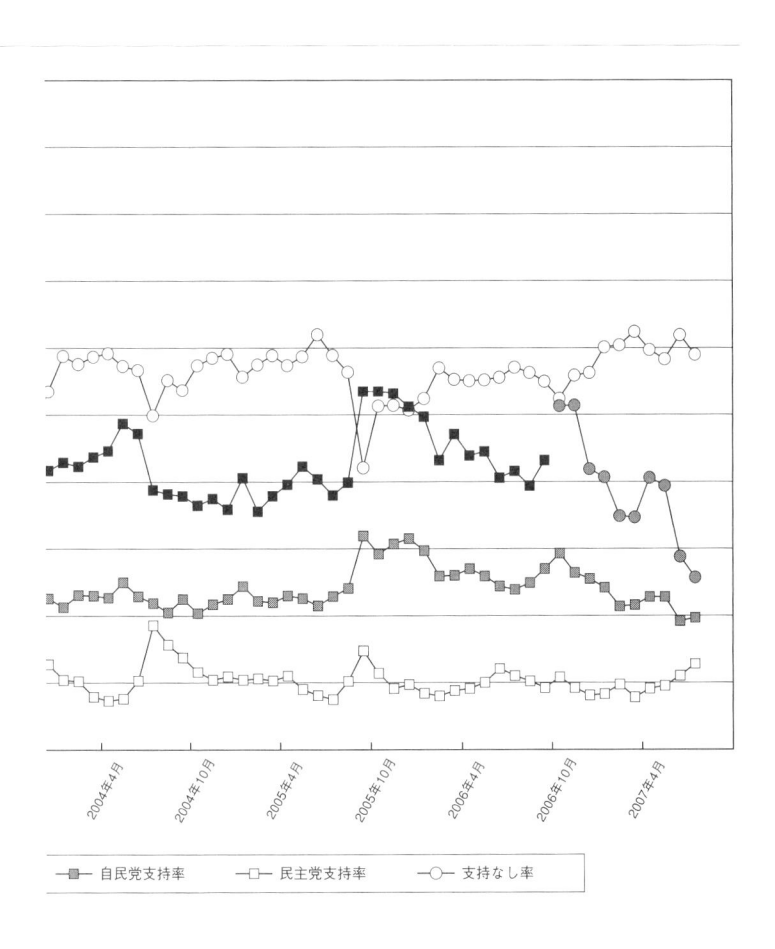

[図: 自民党支持率、民主党支持率、支持なし率の推移（2004年4月〜2007年4月）]

　森内閣の退陣を受け行われた自民党総裁選では、小泉純一郎が地方党員予備選で圧倒的な支持を受けた。その勢いで、本選でも橋本龍太郎元首相を退け圧勝している。小泉はその特異な政治指導のスタイルと抜擢人事により、派閥中心の自民党政治からの脱

却を有権者に印象づけ、小泉内閣は時事調査で70％を超える驚異的な支持率を記録した。派手な言動と行動で注目を浴び続けた田中真紀子外相を更迭したことにより当初の爆発的な支持は失ったが、小泉内閣の政策に対する反対派を「抵抗勢力」と位置づけ、極端な対立図式を作り上げる独特の政治手法と、国民感情を煽動する外交運営で、常に40～50％の支持率を維持した。2005年8月には郵政民営化法案が参議院で否決されたことを契機に衆議院を解散・総選挙に持ち込み、郵政造反議員に「刺客」を送り込む劇的な手法で、自民党を圧勝に導いたことは鮮烈な印象を残した。

　人事、外交などでは華々しいことが多かった小泉内閣であるが、その間にも構造改革は着実に進み、道路公団民営化等一定の成果を上げる一方、公共事業費の削減も進んだ。医療・雇用等の分野では、国民負担の増加を招く政策的変化があったが、医療費の本人負担が三割に引き上げられたのが代表的な例である。負担増が即改悪では無いにしても、政治・政策の持つ重要性を勤労者にも印象づけたことであろう。

　小泉退陣を受けて2006年9月に成立した安倍内閣は、発足当初こそ若く清新な印象から50％台の支持があったが、同年11月末に郵政造反議員の復党問題を契機に支持率が低下した。2007年4月の段階では、内閣支持率が一度底を打ったように思われたが、その後、宙に浮いた年金記録の問題と松岡農水相の自殺で窮地に立ち、2007年7月の参議院選挙では民主党に参議院第一党を奪われる惨敗を喫した。

・民主党への期待

　この間、自民党支持率を見ると、基本的に20～25％前後で推移

しつつ、小泉内閣の支持率が非常に高かった最初の数ヶ月と2005年総選挙の直後には、30％を超える値を示した。一方、民主党支持率は、2003年前半までは時事調査では一桁台で推移するものの、2003年9月の自由党との合併、および11月に行われたいわゆるマニフェスト選挙で14％に上昇、その後一時下降するが、2004年7月の参議院選挙では18％を記録した。2005年9月の総選挙後は勢いを失ったようにも見えるが、実は10％前後の数字を堅持している。従って、本章で扱う7年は、人々の耳目を集める小泉内閣の政権運営の背後で、自民党支持率が安定的に推移する一方、民主党に対する支持が徐々に人々に浸透していった時期にあたると言って良いであろう。

2 社会的属性と支持政党：女性に不人気な民主党

・何を基準に判断しているか

さて、具体的な選挙について分析を行う前に、人々の基本的属性や働き方と、政党支持との関係について検討したい。政党は政治・行政上の複雑な問題を、簡潔な形で有権者に説明し、人々からの票を獲得しようとする組織である。そして、人々は多くの場合新聞やテレビで報道される政党の動向を通じて、政治問題について判断を下している。政党による情報の要約と有権者に対する提示がなければ、勤労者個々人が複雑な政治・行政上の問題について理解することは困難であろう。また、政党支持は、内閣支持や短期的争点に対する意見に比べると変動幅も小さく、人々の政治的意見や態度を総合的に理解する上で適切な指標である。世論調査において政党支持は人々の政治的態度を要約する指標として

の意味を持つと考えられている（三宅1989）。

　では、新聞やテレビを通じて報道される政治ニュースを、人々は何を基準に判断しているのだろうか。外交や教育については価値観や信条から判断をすることも多いと思われるが、社会保障や医療、景気といった問題については、職業上の経験に引き付けて、政治問題を考えている可能性が高い。また、職場における地位、職種そして年収等は、単にその人の社会的属性を表すだけでなく、他者との比較を通じて、自分自身の社会的位置を考える重要な指標となる。勤労者短観で政党支持質問が聞かれているのは2004年10月と2005年10月以降の各調査だが、それぞれの時期に特有の事情による変化を相殺するために、政党支持についての設問があるデータを全て合わせた形で以下では検討する[1]。

　性別は働き方にも大きな影響を与える属性であるが、政治的意見においても一定の性差が存在する。他の調査の結果とも共通であるが、短観データにおいても男性と比べると女性の民主党支持率が低く、支持なしの率が高い。男性は自民25.6％、民主23.3％、支持なし43.0％だが、女性は自民22.4％、民主12.8％、支持なし53.3％となる。民主党は女性に不人気であることがよくわかる（コラム参照）。

・支持政党の変転

　次に、出生年代と支持政党との関係を示したのが、表7-1-1である。ここでは分析の必要上、年齢ではなく生まれた年を基準にした分類を採用した。いわゆる55年体制下において、若年期に支

---

[1] 分析に可能な標本に含まれるのは4205人である。何故か2006年4月と10月の調査では10％を超える「無回答」が存在したため、全ての調査から政党支持における無回答を除外した。

表7-1-1　出生年代と政党支持

政党支持	出生年代					合計
	1940年代生まれ	1950年代生まれ	1960年代生まれ	1970年代生まれ	1980年代生まれ	
自民	339	210	186	204	86	1025
	35.6%	23.9%	21.8%	19.8%	17.5%	24.4%
民主	231	213	153	149	63	809
	24.3%	24.3%	17.9%	14.5%	12.8%	19.2%
社・公・共・その他	108	101	74	72	40	395
	11.4%	11.5%	8.7%	7.0%	8.1%	9.4%
支持無し	273	353	441	606	302	1975
	28.7%	40.3%	51.6%	58.8%	61.5%	47.0%
合計	951	877	854	1031	491	4204
	100.0%	100.0%	100.0%	100.0%	100.0%	100.0%

（出所）第8回、第10〜13回の統合データ。

持なしであった人が、歳を取るにつれ自民党支持へと変化したことはよく知られているが（松本2001）、勤労者短観のデータを見る限り、加齢による効果は減少しつつも残存しているようである。早く生まれた世代ほど自民党支持率が高い。ただし、1940年代生まれの自民党支持率が35.6%であるの対して、1950年代生まれの自民党支持率が23.9%と、11.7%の開きがある。それに対して、1950年代生まれ以降の世代間の差は、それぞれ2%前後に過ぎない。どの年代に変化の境目があるのかは判然としないが、55年体制が成立し安定した後に生まれた世代にとっては、年齢を重ねることによって自然に自民党を支持するようになる政治的環境は失われたように思われる。

　ただし、民主党に対する支持が若年層で伸びているわけではない。実は民主党支持率は1950年代生まれにおいては自民党支持率と拮抗している。そして、民主党は1940年代、50年代生まれの

層における支持率にはあまり差がないが、60年代生まれ、70年代生まれと若いほど支持率が下がる傾向がある。現在は、1960年以降に生まれた勤労者の半分強が、特定の政党を支持していない状況である。1960年生まれが1993年に33歳であったことを考えると、それ以降に生まれた人々の多くが支持なしにとどまっているのは、1990年代におきた政党の離合集散と対立パターンの変化の影響が大きいように思われる。2000年代の国政選挙で徐々に明らかになりつつある二大政党制への傾向が持続し、国会における政党対立の構造が安定した場合には、加齢による新たな支持の傾向、すなわち自民・民主両党への支持率がともに上昇し、支持なしが減少する可能性が高い。

3 仕事・職場と支持政党
：大企業ホワイトカラー層で強い民主党

・仕事と支持政党

さて、具体的に人々の働き方、職場と政党支持の間にはどのような関係があるのだろうか。ヨーロッパの政治においては社会階層が非常に大きな影響力を持ち、職業は階層的な指標の一つとして理解される。アメリカではより心理的な説明が用いられるが、年収や学歴と支持政党との関連は比較的明瞭である。それに対して、日本の政党支持はヨーロッパやアメリカとは違い、社会階層や所得との関係が弱い。職業それ自体は重要だが、職業がもたらす年収や社会的な地位よりは、職業・業種の利害とそこから派生する人脈の影響が大きいと言われる（平野2007）。勤労者短観の調査対象は民間企業に働く人たちであり、自民党の伝統的支持基

盤である自営業、農業従事者を含まないが、両者と並び重要な支持層と考えられる管理職は含まれている。一方、事務職や労務職は、80年代以降は自民党への支持率が多数派になってはいたが、1960年・70年代には社会党・共産党への支持が多数派であった職種である（時事通信社1981）。

まず、職種と支持政党との関係を整理したのが表7-1-2である。大都市の民間企業管理職について見る限り、自民党支持率（31.6％）と民主党支持率（29.6％）はほぼ拮抗している。表は省略するが、学歴で見ると四年制大学卒以上の自民党支持率25.6％に対して、民主党支持率22.9％と3％未満の差しかない。また、企業規模について見た場合も、1000人以上の大企業に勤める人々の支持率は、自民党25.0％、民主党21.7％で、3％程度の差である。このデータから見る限り、大企業に雇用されるホワイトカラー管理職については、自民党か民主党のどちらかに支持が

表7-1-2 職種と政党支持

政党支持	管理職	専門・技術職	事務職	営業・販売・サービス	保安・警備、運輸・通信、生産	その他	合計
自民	187 31.6%	211 21.3%	236 24.4%	231 22.6%	108 24.9%	43 26.7%	1016 24.4%
民主	175 29.6%	179 18.1%	144 14.9%	205 20.1%	75 17.3%	28 17.4%	806 19.4%
社・公・共・その他	32 5.4%	102 10.3%	79 8.2%	98 9.6%	59 13.6%	22 13.7%	392 9.4%
支持無し	197 33.3%	497 50.3%	509 52.6%	488 47.7%	192 44.2%	68 42.2%	1951 46.8%
合計	591 100.0%	989 100.0%	968 100.0%	1022 100.0%	434 100.0%	161 100.0%	4165 100.0%

(出所) 第8回、第10～13回の統合データ。

大きく偏る傾向はないように思われる。同様に専門・技術職、営業・販売においても両党支持率の差は3％程度である。両者の差が大きく開くのは、意外なことに事務職と保安・警備、運輸・通信、生産等の労務職である。事務職では自民党の支持率が24.4％あるのに対し、民主党の支持率は14.9％と10％近い差が開く。労務職においては24.9％対17.3％と8％近い差がつく。そこで、もう一度学歴を検討すると、中学・高校卒の自民党支持率24.9％に対して民主党支持率は17.5％、各種学校・短大卒では21.0％対14.9％と学歴による差が大きいことがわかる。自民党への支持がブルーカラーや事務職等により広く浸透しているのに対して、民主党に対する支持については職種や学歴による偏りが大きい。

・世帯年収との関係

さらに確認のために世帯年収との関係を検討すると、やはり同様の傾向が確認できる。自民党支持率も民主党支持率も世帯年収が高くなるに従い上昇するが、世帯年収との関係がより露骨に出るのは、民主党支持率である。表は省くが、400万未満の12.8％から1000万以上の24.2％まで、所得が上昇すると民主党支持率が上昇する傾向が明瞭に現れている。以上の結果を要約すると、自民党に対する支持は管理職・高収入世帯を中心にするとはいえ、職種や収入と関係なく一定の広がりを有するのに対し、民主党への支持はより大企業ホワイトカラー層に偏っている。

政権与党である保守政党への支持よりも、労働組合とも一定の関係を有する野党への支持の方が、大企業ホワイトカラー層に偏るのはいささか奇異に思われるが、これは以下の理由で説明可能だと思われる。自由民主党は集票・支持調達において、決して財

界・経営者のみに依存している訳ではなく、農業・自営業など市場における競争において脆弱なセクターをも支持基盤としてきた。伝統的には公共事業による利益誘導により、一定の所得再配分政策を行ってきたと言ってもよい。小泉内閣期における政策は、市場において脆弱なセクターを切り捨てる方向に舵を切ったように思われるが、実際に都市部の勤労者に大きな印象を残すほどの影響はまだ現れていないのではないかと思われる。

・民主党への支持率

　一方、民主党は年収が高いと思われる高学歴ホワイトカラー層において自民党と拮抗する支持率があるのに対して、所得の低い層から支持を集めることに失敗している。大企業に勤める大卒ホワイトカラー層に対しては、補助金、規制緩和、地方分権などの政策において自民党に批判的な人々に一定のアピールが可能であると思われるが、事務職・労務職の人々に対しては、抽象的な理念では魅力に乏しく、何らかの実績を目に見える形で残さなければ支持を得られないのではないかと考えられる。

　念のために雇用形態と政党支持との関係を表7-1-3に示す。正社員における支持率は、自民党24.3%、民主党21.4%と大きなものではないが、自民党と民主党の支持率は、パート・アルバイトで23.7%と14.0%、契約・派遣で、24.9%、17.6%と開きが大きい。ここで職種毎の男女比を見ると、パート・アルバイトは男性172人に対して、女性724人であり、10%近い男女差はパート女性における民主党支持率の低さを反映していることがわかる。パート・アルバイト女性における民主党支持率は13.0%と低い。一方、正社員において自民党と民主党の支持率が拮抗しているの

表7-1-3 就業形態と政党支持

政党支持	就業形態				合計
	正社員	パート・アルバイト	契約・派遣	その他	
自民	669 24.3%	212 23.7%	126 24.9%	18 40.0%	1025 24.4%
民主	589 21.4%	125 14.0%	89 17.6%	7 15.6%	810 19.3%
社・公・共・その他	224 8.1%	112 12.5%	54 10.7%	5 11.1%	395 9.4%
支持無し	1276 46.3%	447 49.9%	237 46.8%	15 33.3%	1975 47.0%
合計	2758 100.0%	896 100.0%	506 100.0%	45 100.0%	4205 100.0%

(出所) 第8回、第10〜13回の統合データ。

も、正規雇用2758人の内訳が、男性2142人に対して女性616人である部分が大きい。正社員女性における民主党支持率は12.3%に過ぎない。実は、雇用形態における政党支持率差の大部分は雇用形態毎の男女比率で説明出来るように思われる。

2 投票選択と業績評価

　前節では、政治的態度の総合的指標とも言うべき政党支持と社会属性・働き方との関係を検討してきた。政党支持は、選挙が迫っていない時期には半ば投票意図の代理指標のような役割を果たす。しかし、具体的な選挙の日程が迫り、争点が明らかになると、支持者であっても支持政党に対する不満から他党へ投票する

ことがある。また、支持なしの人々も何らかの選択を迫られる。ここでは、具体的な選挙の文脈において人々が何を考えたのかを考察したい。

1 景気、年金と医療改革にどう反映したか
―2003年11月総選挙　第6回のデータから

2003年11月総選挙は、自民党と民主党がともにマニフェスト（政権公約）を掲げて戦い、政権選択そのものが争点化したと言われる。その中で、個別争点として有権者の判断に重要であったのは、小泉改革への評価、イラク戦争に対する日本の対応、および、年金改革であった。年金は小泉首相が公示日に年金保険料の引き上げと給付水準について発言し、また、民主党、公明党もマニフェストに具体的な数値を提示する等、踏み込んだ議論が行われた。実際の選挙結果は、自民党が選挙前から比べると10議席減の237議席にとどまったのに対して、民主党は選挙前から40議席増（前回比50議席増）の177議席と躍進した。特に比例区では民主党が第一党となった。同年9月に行われた自民党総裁選で再選を果たし、支持率も上昇していた小泉首相にとっては意外な結果であったと思われる。一方、小選挙区中心の選挙制度の影響から小政党には厳しい結果となり、共産党が11議席、社民党が12議席それぞれ選挙前から議席を減らした。

2003年10月の勤労者短観では、15の政策課題について、回答者に政府の取り組みを評価してもらっている（残念ながら後の調査では聞かれていない）。具体的には「かなりやっていると思う」、「ある程度やっていると思う」、「あまりやっていないと思う」、「ほとんどやっていないと思う」の4段階評価である。以下の分析で

は、「かなり」を選ぶ人は、どの政策課題についてもごく少数なので、「ある程度」と合算し、また、「わからない」と「無回答」も一つにまとめた。一つ一つの争点について見ると、政府が「かなり＋ある程度やっている」と思う人々は、「あまり＋ほとんどやっていない」と思う人々よりも、政権党である自民党へ投票しようとする傾向がある。ただし、政策により政府に対する否定的評価が民主党に対する投票に結びつく政策と、結びつかない政策があることは興味深い。例えば、「金融システムの安定」、「産業・企業再生対策」、「公共事業の見直し」等は、政府の取り組みに対する評価の高低と、民主党への投票意図との間に関連はない。

ここでは、政策課題への取り組みの評価が明瞭に自民党と民主党への投票意図と関連しており、かつ、人々の仕事・生活に直結する争点について触れたい。これらの争点が2003年総選挙において勤労者の投票行動を決める上で大きな役割を果たしたと考えられるからである。具体的には、景気対策、厚生年金制度改革、そして医療制度改革の3つである。

表7-2-1に3つの争点に対する取り組みの評価と投票意向との関連を示す。パーセントは列に沿って計算してあるので、表を横に読んでいけば、政府の取り組みに対する評価がどの程度働く人々の投票意図に影響を与えたかを理解することができる。景気対策を例として説明すると、政府の取り組みを肯定的に評価している（「かなり＋ある程度やっている」）人々の32.5%が自民党への投票を、19.9%が民主党への投票を考えているのに対して、政府の取り組みに非常に否定的な人々（「ほとんどやっていない」）の16.6%が自民党、33.6%が民主党への投票を考えており、比率が逆転している。そして中間の「あまりやっていないと思う」で、

自民党25.9%、民主党24.5%とほぼ拮抗する。実際の数値は異なるが、同様の傾向は厚生年金制度改革と、医療制度改革にも見て取れる。

さて、このような勤労者の反応がいかに毎日の仕事の上での悩みや不安と関連していたかを見ておきたい。調査開始から2005年4月までの勤労者短観では、「あなたは、勤め先の会社での仕事についての不安や、賃金、昇進、職場環境などについて労働条件が低下するような不安を感じていますか」と、仕事や労働条件についての不安を4段階で尋ねている(「かなり感じる」、「やや感じる」、「あまり感じない」、「ほとんど感じない」)。この職場不安と、政府の取り組みについての評価との関連を、表7-2-2に掲載する。表7-2-1と違い、パーセントは行について計算してあるので、表を縦に読むことで、勤め先で抱く不安感が、政府の取り組みに対する評価に与える影響を見ることができる。傾向が極端に出る景気対策を見ると、勤め先で不安を「かなり感じている」人は14.6%しか政府の取り組みを肯定的に評価しないのに対して、不安を「ほとんど感じない」人の40.9%が取り組みを評価している。一方、「ほとんどやっていないと思う」人の割合は、不安を「かなり感じている」人たち46.8%から、「ほとんど感じない」人々の27.3%へと減少する。厚生年金制度改革および医療制度改革も同様に、不安が大きければ政府の取り組みに対して評価が低く、不安がなければ政府の取り組みに対する評価が高まるという傾向は明瞭である。

政治家が選挙で問題にするのは国政上の重要争点であるが、それが実際に投票に影響を与えるか否かは、人々が自分自身の経験から政策の意味を実感し、それを投票選択に結びつけることが出

表7-2-1 03年投票意図との関係が明瞭な争点

03年衆院選投票意図	政府の取り組みへの評価：景気対策				合計
	かなり＋ある程度やっていると思う	あまりやっていないと思う	ほとんどやっていないと思う	わからない＋無回答	
自民	54 32.5%	76 25.9%	42 16.6%	4 11.4%	176 23.5%
民主	33 19.9%	72 24.5%	85 33.6%	4 11.4%	194 25.9%
社・公・共・その他	32 19.3%	76 25.9%	53 20.9%	6 17.1%	167 22.3%
支持無し	47 28.3%	70 23.8%	73 28.9%	21 60.0%	211 28.2%
合計	166 100.0%	294 100.0%	253 100.0%	35 100.0%	748 100.0%

03年衆院選投票意図	政府の取り組みへの評価：厚生年金制度改革				合計
	かなり＋ある程度やっていると思う	あまりやっていないと思う	ほとんどやっていないと思う	わからない＋無回答	
自民	51 32.3%	57 24.2%	61 21.9%	7 9.3%	176 23.5%
民主	34 21.5%	58 24.6%	89 31.9%	13 17.3%	194 25.9%
社・公・共・その他	36 22.8%	56 23.7%	61 21.9%	14 18.7%	167 22.3%
支持無し	37 23.4%	65 27.5%	68 24.4%	41 54.7%	211 28.2%
合計	158 100.0%	236 100.0%	279 100.0%	75 100.0%	748 100.0%

第7章　劇場政治と勤労者

03年衆院選投票意図	政府の取り組みへの評価：医療制度改革				合計
	かなり＋ある程度やっていると思う	あまりやっていないと思う	ほとんどやっていないと思う	わからない＋無回答	
自民	68 33.7%	51 21.6%	46 18.4%	11 18.3%	176 23.5%
民主	44 21.8%	61 25.8%	77 30.8%	12 20.0%	194 25.9%
社・公・共・その他	41 20.3%	52 22.0%	62 24.8%	12 20.0%	167 22.3%
支持無し	49 24.3%	72 30.5%	65 26.0%	25 41.7%	211 28.2%
合計	202 100.0%	236 100.0%	250 100.0%	60 100.0%	748 100.0%

（出所）第6回データ。

来るかにかかっている。景気動向は企業の業績に、そして職場の環境や働き方に影響を与える。勤労者にとって、年金制度や医療保険は企業での雇用を前提とした制度になっている以上、働き方とも無縁ではない。民間企業に働く人々の中には様々な人々がいるが、日々の生活・仕事の現場で苦労をし、不安を抱いた人は、景気、医療、年金といった争点に基づいて一票を投じたのではないか。職場での不安が政策課題に対する取り組みの評価に影響を与え、その評価が次に投票意図に影響を与えたことがその証左である。下馬評では与党有利と言われた2003年総選挙で小泉内閣が意想外の苦戦をしたのは、日々不安を抱きながら地道に働いている人々が、小泉構造改革に対して、ささやかな異議申し立てをしたからではないのか。その際に民主党は、与党に対する批判の受け皿として、一定の説得力を持ったと考えられる。

215

表7-2-2 勤め先での不安と関係が明瞭な争点

勤め先での仕事や労働条件低下に対する不安	政府の取り組みへの評価：景気対策				合計
	かなり＋ある程度やっていると思う	あまりやっていないと思う	ほとんどやっていないと思う	わからない＋無回答	
かなり感じる	25 14.6%	60 35.1%	80 46.8%	6 3.5%	171 100.0%
やや感じる	68 21.9%	135 43.4%	99 31.8%	9 2.9%	311 100.0%
あまり感じない	45 24.1%	78 41.7%	51 27.3%	13 7.0%	187 100.0%
ほとんど感じない	18 40.9%	8 18.2%	12 27.3%	6 13.6%	44 100.0%
わからない＋無回答	10 28.6%	13 37.1%	11 31.4%	1 2.9%	35 100.0%
合計	166 22.2%	294 39.3%	253 33.8%	35 4.7%	748 100.0%

勤め先での仕事や労働条件低下に対する不安	政府の取り組みへの評価：厚生年金制度改革				合計
	かなり＋ある程度やっていると思う	あまりやっていないと思う	ほとんどやっていないと思う	わからない＋無回答	
かなり感じる	34 19.9%	44 25.7%	78 45.6%	15 8.8%	171 100.0%
やや感じる	62 19.9%	111 35.7%	116 37.3%	22 7.1%	311 100.0%
あまり感じない	45 24.1%	60 32.1%	54 28.9%	28 15.0%	187 100.0%
ほとんど感じない	14 31.8%	9 20.5%	14 31.8%	7 15.9%	44 100.0%
わからない＋無回答	3 8.6%	12 34.3%	17 48.6%	3 8.6%	35 100.0%
合計	158 21.1%	236 31.6%	279 37.3%	75 10.0%	748 100.0%

勤め先での仕事や労働条件低下に対する不安	政府の取り組みへの評価：医療制度改革				合計
	かなり＋ある程度やっていると思う	あまりやっていないと思う	ほとんどやっていないと思う	わからない＋無回答	
かなり感じる	40 23.4%	51 29.8%	67 39.2%	13 7.6%	171 100.0%
やや感じる	83 26.7%	104 33.4%	110 35.4%	14 4.5%	311 100.0%
あまり感じない	57 30.5%	59 31.6%	47 25.1%	24 12.8%	187 100.0%
ほとんど感じない	17 38.6%	11 25.0%	10 22.7%	6 13.6%	44 100.0%
わからない＋無回答	5 14.3%	11 31.4%	16 45.7%	3 8.6%	35 100.0%
合計	202 27.0%	236 31.6%	250 33.4%	60 8.0%	748 100.0%

（出所）第8回、第10～13回の統合データ。

2 小泉政権への失望から批判へ
──2004年7月総選挙　第7回と第8回のデータから

　2004年7月の参議院選挙は年金制度改革とイラク問題を二大争点として戦われた。とりわけ閣僚の年金未納問題および首相自身の年金履歴に関連した「人生いろいろ、会社もいろいろ」発言、その後の年金改革法案の強行採決などが、政権に対する強い批判となり民主党得票の増加につながったと言われる。参議院は3年ごとに半数を改選する仕組みであるが、この選挙だけに限ってみれば、自民党の48議席に対して民主党は50議席を獲得し第一党になった。共産・社民両党は選挙区で1議席も得ることができず、二大政党化がさらに進んだ選挙であった。

　勤労者短観は年2回4月と10月に調査を行う関係で、2004年の調査はどちらも参議院選挙から3ヶ月離れているため、選挙時の変化をとらえ切れていない可能性が高い。また、この選挙の際に争点であった年金についての質問がないため、ここではより間接的な方法で勤労者の態度の変化を探りたい。

　4月に聞かれた投票意向と10月に聞かれた投票行動とを比較すると、4月の事前の投票予定では自民党への投票25.6％に対して民主党への投票は31.5％であったが、10月の投票行動についての事後報告では自民党12.5％に対して民主党28.5％となっている。民主党への投票についてはさほど変化はないが、自民党への投票意図と実際の投票行動との間に大きな落差がある。勤労者短観のデータで見る限り、自民党票の減少は棄権の増加として現れ、10月には全体の35.7％にあたる人々が棄権と答えている。4月に自民党へ投票するつもりであった人がどのように変化したのは、同一人物が調査されるパネルではないので分からないが、政治家の

年金未納歴の露見や、その後国会での強行採決に対して、有権者の失望が大きかったからではないだろうか。

2004年10月調査では投票選択について尋ねた後、その党・候補者を選択した理由を聞いているが、そこから小泉政権に対する批判の存在を伺うことができる。16列挙してある投票理由のうち、選択肢（三つまで選択可能）で選ばれた比率が高かったのは、「その党の政策や活動を支持するから」、「ほかの党よりましだから」、「現内閣の政策や活動をあまり支持していないから」の三つであるが、参議院比例区投票政党毎に理由がどう異なるかを示したのが表7-2-3である（選挙区で見ても結果はほぼ同じ）。自民党への投票理由は、「他の党よりましだから」が66.3％で、次に「その党の政策や活動を支持する」が30.5％と続くが、民主党については「他の党よりもましだから」が56.9％であり、その次に「現内閣の政策や活動をあまり支持していないから」が46.8％と続く。こ

表7-2-3 投票政党と投票理由

04参院比例区投票	その党の政策や活動を支持するから	ほかの党よりましだから	現内閣の政策や活動をあまり支持していないから
自民	29 30.5%	63 66.3%	2 2.1%
民主	58 26.9%	123 56.9%	101 46.8%
社・公・共・その他	57 43.8%	57 43.8%	31 23.8%
棄権＋わからない＋無回答	144 32.7%	243 55.1%	134 30.4%

（注）複数選択なので合計は100％にならない。
（出所）第8回データ。

の投票理由の分布から見る限り、04年参議院選挙における民主党の躍進は、積極的に民主党の政策が支持されたからというよりは、年金制度改革に関する小泉政権の強引な政権運営にあったのではないかと思われる。

3 構造改革は格差と雇用不安を残した
　──2005年9月総選挙　第10回のデータから

　2005年9月の総選挙は、郵政民営化を殆ど唯一の争点として戦われた。小泉首相は参議院での郵政民営化法案否決を受け、衆議院を解散した。後から振り返ると小泉首相の劇的な勝利で終わる選挙であるが、少なくとも解散直後の段階でその予測をした人は少なかった（例えば、『毎日新聞』2005年8月11日付「社説」）。

　公式の選挙結果を比例区で見ると、小選挙区の得票率で自民党48％に対して民主36％である。比例区では自民党の得票率は低く、自民党38％に対して民主党31％となる。両党の得票差が劇的か僅少かは人により判断が分かれるであろう。ただし、自民党の得票は小選挙区で民主党の1.31倍、比例区では1.23倍であるにもかかわらず、実際の議席数は自民党296に対して民主党113と、自民党は民主党の2.62倍の議席を得ている。その意味で、2005年総選挙は小選挙区制度を取ることの利点と恐ろしさとを、まざまざと見せつけた選挙であった。実は、人々の態度の変化は実際の選挙結果（議席数）から想像するほどには大きくなかった点は注意しておくべきであろう。劇的な「刺客」戦術に魅惑されて投票意図を変えたのは、有権者の1割程度ではないかと筆者は推測する。勤労者短観の2005年10月データにおいても勤労者が激烈な反応を示したという証拠は見られない。

2005年10月調査では、小選挙区の投票は自民党34％に対して民主党28％、比例区の投票では30％対27％と、公式の選挙統計から予想されるほど差は大きくない。ただし、2003年衆議院選挙の投票意図において民主党の方が高い比率を示していたことを考えると、勤労者短観における調査対象の中でも普段は自民党を選択しないが2005年総選挙の時だけは自民党へ投票した人々が相当数いたことが推察される。実際、投票政党毎に投票理由を整理してみると（表7-2-4）、自民党へ投票した勤労者の45％が「政策や活動を支持するから」を選択しており、郵政民営化という政策が民間企業勤労者に魅力的に見えたことは事実であろう。その一方、民主党への投票者が選ぶ理由は4つの選択肢にほぼ均等にばらついている。郵政民営化と「刺客」報道を巡って自民党内の報道があまりにも多かったために、民主党が明確なメッセージを勤労者

表7-2-4　投票行動と投票理由

05年衆院選比例区	その党の政策や活動を支持するから	ほかの党よりましだから	現内閣の政策や活動をあまり支持していないから	他の選択肢＋その他＋わからない	無回答	合計
自民	125	85	1	66	1	278
	45.0%	30.6%	0.4%	23.7%	0.4%	100.0%
民主	57	68	61	63	0	249
	22.9%	27.3%	24.5%	25.3%	0.0%	100.0%
社・公・共・その他	52	33	17	49	2	153
	34.0%	21.6%	11.1%	32.0%	1.3%	100.0%
支持無し	12	16	1	22	12	63
	19.0%	25.4%	1.6%	34.9%	19.0%	100.0%
合計	246	202	80	200	15	743
	33.1%	27.2%	10.8%	26.9%	2.0%	100.0%

（出所）第10回データ。

第7章　劇場政治と勤労者

に届けることができなかったのではないかと思われる。

　その他、景気の回復も与党への投票を促した可能性がある。勤労者短観では毎回景気認識を聞いているが、「かなりよくなったと思う」あるいは「やや良くなったと思う」人の割合は、小泉政権発足間もない2001年10月にはわずか0.6％であった。それが2003年10月には14.3％、2005年10月には38.3％と着実に上昇を続けていた。実際、景気がよくなったと思った人たちの40.9％が自民党へ投票している。

　郵政民営化という前向きで積極的な改革と、景気の回復が、勤労者の選択に一定の影響を与えたことは間違いないだろう。その意味で小泉構造改革はこれからの日本が進むべき将来像の一つを人々に示したと言える。ただし、それは全ての勤労者にとって魅力的で安心できる将来像ではなさそうである。2005年10月の勤労者短観では、「今回の選挙結果をみて、日本の社会や皆さんの生活は将来どのようになると考えますか」と尋ねているが、その回答と政党支持との関係を表7-2-5に示す。「変わらない」と答えた人はどの党の支持層にも3～4割いるが、将来への展望は支持政党により大きく異なっている。「かなり良くなる」と「やや良くなる」を合算した割合は、自民党支持者で43.8％に達するのに対し、民主党支持者では7.3％に過ぎない。一方、「やや悪くなる」と「かなり悪くなる」とを合わせた比率は、自民党支持者の7.9％に対して、民主党支持者では52.6％に達する。

　5年5ヶ月におよぶ小泉政権とその構造改革は様々な成果を上げると同時に、幾つかの負の遺産を残した。地域間格差や雇用の不安定化はその最たるものであろう。2007年7月の参議院選挙では、宙に浮いた年金記録問題と度重なる閣僚の失言から、自民党が大

表7-2-5 政党支持と総選挙結果についての感想

政党支持	今回の選挙結果による社会や生活の変化					合計
	かなり+やや良くなる	変わらない	やや悪くなる	かなり悪くなる	無回答	
自民	145 43.8%	133 40.2%	24 7.3%	2 0.6%	27 8.2%	331 100.0%
民主	18 7.3%	80 32.4%	87 35.2%	43 17.4%	19 7.7%	247 100.0%
社・公・共・その他	19 14.5%	49 37.4%	21 16.0%	29 22.1%	13 9.9%	131 100.0%
支持無し	19 9.0%	114 54.0%	38 18.0%	27 12.8%	13 6.2%	211 100.0%
合計	201 21.8%	376 40.9%	170 18.5%	101 11.0%	72 7.8%	920 100.0%

(出所) 第10回データ。

敗を喫したが、それは伏在していた不満が人々の耳目を集める不祥事を契機に爆発したものと考えることができるのではないか。この不満を、どのような形ですくい上げ、政策として結実させるかが、これから自民・民主両党間の最大の対立軸になる可能性が高い。

4 年金・福祉問題が争点に
——2007年7月参議院選挙 第13回と第14回のデータから

総選挙後、2005年末まで小泉内閣の支持率は50％を超える水準で推移した（時事世論調査）。しかし、翌2006年1月に無所属とは言え部分的に政府・与党からの支援を受けて総選挙に出馬したライブドア社長の堀江貴文が逮捕されたことで、内閣支持率は急落した。ただし、その後は支持率に大きな影響を与える出来事

はなく、小泉内閣は最終月としては歴代4位にあたる43％の支持率と共に退陣した。その後を受けて発足したのが安倍内閣である。

安倍内閣はその清新な印象から時事調査で50％を超える高支持率を当初は得たが、郵政民営化に造反して無所属となった議員の復党を認めたことを契機に支持率が低下した。その後も閣僚の不祥事・失言等が続出し、内閣支持率の維持・高揚に腐心せざるを得ない状況が続いた。ただし、13回目の勤労者短観調査が行われた2007年4月には一時的に支持率の低下に歯止めがかかり、政府・与党としては反転攻勢の態勢に入ろうとしていた。憲法改正手続きを定める国民投票法や、教育関連三法の審議などで着実に成果を上げつつあったからではないかと推察される。第13回調査では、2005年総選挙時の投票行動について尋ねると同時に、3ヶ月後に予定されていた参議院選挙における投票意向についても質問している。その二つの質問についてのクロス集計表が表7-2-6である。百分率は行について計算してあるので、2005年9月選挙の投票行動について比率は掲載されていないが、2005年10月の第10回調査と比較すると、自民党への投票が11％、民主党への投票が5％減少し、そのかわりに、棄権と無回答が16％増加している。第13回調査の段階では、一年半が経過しているので、回答時の意向が過去に投影されたために、分布にズレが生じたのではないかと推察される。

表7-2-6では2005年総選挙時で投票した政党別に、2007年参議院選挙での投票意向の比率を示しているが、棄権と無回答を別に考えると、この段階では一つの党から別の党へと人々の選択が変化した傾向は見られない。表7-2-6（1）の一番下の行の比率が、その段階での勤労者の投票意向を示す比率だが、表7-2-6（2）

表7-2-6 2005年総選挙と2007年参議院選挙

（1）2005年衆議院選挙小選挙区投票回顧	2007年参議院選挙区投票意向				合計
	自民	民主	社・公・共・保・その他	棄権＋無回答	
自民	152 74.5%	20 9.8%	22 10.8%	10 4.9%	204 100.0%
民主	9 4.4%	152 74.9%	36 17.7%	6 3.0%	203 100.0%
社・公・共・保・その他	5 4.5%	6 5.5%	93 84.5%	6 5.5%	110 100.0%
棄権＋無回答	73 19.5%	52 13.9%	101 26.9%	149 39.7%	375 100.0%
合計	239 26.8%	230 25.8%	252 28.3%	171 19.2%	892 100.0%

（出所）第13回のデータ。

	自民	民主	社・公・共・保・その他	棄権＋無回答	合計
（2）2007年参議院選挙投票行動（選挙区）	123 13.3%	322 34.7%	137 14.8%	346 37.3%	928 100.0%

（出所）第14回のデータ。

に選挙から約2ヶ月を経てから行われた第14回調査で聞かれた事後の投票行動の比率が示してある。二つの表を比べると明らかだが、自民党への投票意向は26.8％から13.3％へと半減し、民主党への投票が10％近く上昇している。2007年4月から7月の参議院選挙までの間に起きた様々な出来事が、勤労者の政治的判断に大きな影響を与えたことが推察される。参考までに時事世論調査によれば、内閣支持率は40.6％から25.7％まで下落している。

では、勤労者の投票判断に最も影響を与えた要因は何であろうか。勤労者短観では来るべき選挙で問題にするべき争点を尋ねている。選択肢の数は20前後あるが、第13回と第14回のどちらかの調査で、選択された割合が上から三位以内に入った争点が表7-2-7に示してある（複数選択が許されているので比率の増減に対応関係はない）。表7-2-7を見る限り、2007年4月でも10月でも勤

表7-2-7 重視する争点

	景気回復	税制改革	年金・福祉問題	医療・介護	
2007年4月	466 51.8%	410 45.6%	641 71.3%	474 52.7%	N=899
2007年10月	459 49.5%	450 48.5%	809 87.2%	322 34.7%	N=928

（出所）第13回と第14回のデータ。第13回と第14回のいずれかで3位以内に入った争点。

労者が最も重視したのは年金・福祉問題である。2006年5月には国民年金保険料不正免除が新聞紙上で報道されており、小泉内閣期から社会保険庁の改革が政治的な問題になっていた。2007年4月段階で71.3%の人々が年金・福祉問題を重要争点として選択しており、2位の医療介護52.7%を20%近く引き離していた。しかし、2007年5月下旬に報道された5千万件におよぶ宙に浮いた年金記録の問題はそれに拍車をかけ、年金・福祉問題を重視する人は87.2%まで増加した。第13回と第14回の両者で尋ねられている17争点のうち、そもそも重視する人が増加した争点は4つだけであり、それも地方分権が2%増加、拉致問題が2.5%増加、憲法問題が6.9%増加したに過ぎない。この結果から、2007年参議院選挙では如何に宙に浮いた年金記録問題が大きな争点であったかが理解できる。

ただし、年金が初めから自民党に不利な争点であった訳ではない。表7-2-8は7月の参議院選挙で重視する争点と投票選択との関係を、選挙前の第13回調査と、選挙後の第14回調査とについて、それぞれ示したものである。第13回調査の結果を見ると、年金を

表7-2-8 重視する争点と参議院選挙区における投票行動

投票選択	参議院選挙の投票行動：事前の意向 参議院選挙で重視する争点＜年金＞		
	選択	非選択	合計
自民	172 27.0%	68 26.4%	240 26.8%
民主	171 26.9%	59 22.9%	230 25.7%
社・公・共・その他	184 28.9%	68 26.4%	252 28.2%
棄権＋無回答	109 17.1%	63 24.4%	172 19.2%
合計	636 100.0%	258 100.0%	894 100.0%

（出所）第13回のデータ。

投票選択	参議院選挙の投票行動：事後の報告 次回衆議院選挙で重視する争点＜年金＞		
	選択	非選択	合計
自民	112 13.8%	11 9.2%	123 13.3%
民主	289 35.7%	33 27.7%	322 34.7%
社・公・共・その他	121 15.0%	16 13.4%	137 14.8%
棄権＋無回答	287 35.5%	59 49.6%	346 37.3%
合計	809 100.0%	119 100.0%	928 100.0%

（出所）第14回のデータ。

選択した人々の間で自民党への投票意向と民主党への投票意向は、ほぼ同じ割合であった。それが、第14回調査では自民党への投票が13.8％、民主党への投票が35.7％と両党で20％以上の差が開いている。ただし、年金を選択しなかった人たちでも両党の差は18％以上開いており、年金に対する考え方の違いから投票選択を説明できるわけではない。同様の表を他の争点について作成した場合でも傾向は同じであり、どの争点について検討しても、選挙前には自民党と民主党を選択する比率の間には大きな差がなかった。それが、選挙後には特定の争点を重視するとして選択したか否かにかかわらず民主党への投票比率が激増し、自民党への投票比率が激減しているのである。重視する個別の争点はさておき、年金問題について人々が著しい不信感を政府・与党に抱いたことが推察される。勤労者は、通常であれば重視したであろう争点にかかわらず、政府・与党に対する批判の受け皿として、民主党を選択したのではないか。

参議院選挙後、一旦は続投を表明した安倍首相だが、健康上の

理由から9月に突如辞任した。その後、元官房長官の福田康夫が改造直後の安倍内閣を引き継ぐ形で組閣したのは記憶に新しい。その福田内閣は、民主党が参議院の第1党の地位を占めている状況では、法案を成立させる上で大きな制約を負っている。政局の行き詰まりから衆議院の解散・総選挙による状況の打破を目指すのか、あるいは、粘り強く民主党と交渉を続けるのかは、本校執筆段階では予断を許さない状況である。ただし、小泉政権が北朝鮮外交や郵政民営化により支持率浮揚をはかり、安倍政権が憲法改正や教育三法の改正等、国民生活との関係がわかりにくい争点を重視したのに対し、福田政権は年金、揮発油税（ガソリン税）の暫定税率、消費者行政等、国民生活と直結した政策課題への対応を余儀なくされている。これらの政策領域で国民を納得させる実績を上げることが政権維持のためには肝要であろう。一方、民主党にとっては実効性のある対案を提示し、国民を説得できるか否かが、政権獲得のために必要となるのではないか。

＜参考文献＞
時事通信社編（1981）『戦後日本の政党と内閣』時事通信社。
平野浩（2007）『変容する日本の社会と投票行動』木鐸社。
松本正生（2001）『政治意識図説－「政党支持世代」の退場－』中公新書。
三宅一郎（1989）『投票行動』東京大学出版会。
＊時事世論調査の数値に関しては各月の『中央調査報』を参照した。

メッセージ　民主党の政治家へ

　今回、勤労者短観のデータを分析して痛感したのは、民主党の支持が大企業に務める男性の大卒ホワイトカラーに偏っており、その裾野が狭いことです。女性の支持率は低く、特にパートや派遣で働く女性の間での民主党の不人気ぶりは、かなり問題に思えます。簡単にこの男女差を解消する処方箋がある訳ではありませんが、女性の就業や家庭と仕事の両立を目的とするわかりやすい政策を推進することで、支持を増やすことが出来るかもしれません。日々の生活に忙しい有権者にとって、技術的な政策論や高邁な理念は、なかなか馴染みやすいものではありません。しかし、自分たちの生活に関係する問題であるならば、一票の意味が見えてきます。パートや派遣の民主党支持率が低いのは、具体的な政策と彼女たちの生活との関連が、なかなか見えにくいからではないでしょうか。

COLUMN　民主党は女性に人気がない？

　社会属性の中で最も強力に人々の考え方や行動に影響を与えるのは性別であろう。良くも悪くも性役割分業が存在し、その影響は家庭や仕事の隅々にまで及ぶ。家庭における育児・家事は主に女性により担われるが、一方、男性には長時間通勤・残業が多い。本章前半で検討した政党支持についても男女差があり、女性の民主党支持率は男性のそれを常に下回る。例えば2007年3月の毎日新聞の調査では自民党が男性28％、女性26％とほぼ同じ数字なのに、民主党は男性18％に対して女性は10％しかない（『毎日新聞』3月26日付朝刊）。同じく毎日の2007年8月調査でも自民党支持率が男女とも26％なのに対して、民主党は男性33％に対して女性23％と10％の開きがある（8月29日付朝刊）。

　何故民主党は女性に人気がないのか。この点を掘り下げて分析した研究は少ないが、民主党にはマスメディアで目立つ女性政治家が少ないことが大きな理由ではないかと筆者は考えている。自民党の小池百合子氏は非常に目立つ存在であるし、2005年総選挙では良くも悪くも「刺客」を勤めた自民党女性候補者が話題になった。また、与党の女性閣僚は当然新聞やテレビに頻繁に登場する。それに比べると、野党は党首や幹事長クラスの有力政治家でなければ大きく報道されることは稀である。格闘技ファンは男性に多く、宝塚ファンは女性に多い。自分と同じ特徴を共有する他者に人は親近感を感ずるものである。その点、民主党の女性政治家は、マスメディアの注目を浴びる場所で活躍する機会を十分に得ていないのではないだろうか。

おわりに ワーク・ライフ・インバランスの解消を

佐藤博樹

　過去13回実施された「勤労者短観」の再分析（主に第2回以降）を通じて明らかにされた、働く人々が生活や仕事において直面している課題を解決するために必要な取り組みを整理しておこう。

　本書で明らかにされた論点は、各章のサマリーに譲ることにし、ここでは「はじめに」で指摘した、働く人々の間に広がっている不均衡（imbalance）のうち、労働時間などの働き方や雇用機会均等さらに家事・育児などの生活時間配分の3つを取り上げる。この3つ不均衡は同じ背景要因、すなわち男女の性別役割分業を前提とした「仕事中心の男性モデルの働き方」に起因するものである。この不均衡を解消するためには、「仕事中心の男性モデルの働き方」を改革し、多様なライフスタイルを受容できる「ワーク・ライフ・バランス（Work-Life Balance）職場」を構築することが求められている。

　第1の不均衡は、労働時間など働き方である。年間の総実労働時間は、1840時間前後で推移しているものの、正社員・非正社員別あるいは男女別年齢階層別に見ると、労働時間の2極化を確認できる。パート・アルバイトなど非正社員では短時間勤務でかつ残業のない者が多いが、他方、フルタイム勤務の正社員では、残業や休日出勤が恒常化しているだけでなく、実労働時間が週60時間以上の長時間層（過労死予備軍）も少なくない。とりわけ男性の30歳代後半層や40歳代層では、こうした長時間層が漸増する傾

おわりに　ワーク・ライフ・インバランスの解消を

向にある（厚生労働省編2006）。「勤労者短観」の回答者でも、正社員男性の約2割が過労死予備軍である（第2章）。

　長時間労働は、睡眠時間の削減などをもたらし心身の休息が十分にとれず、健康状態を悪化させる要因ともなり、さらに仕事の満足度だけでなく生活の満足度を低下させることが明らかにされている（第2章）。こうした結果、正社員の間には「仕事の時間を減らしたい」とする者が多くなるが、こうした希望を実現できない状況に直面している（はじめに）。

　他方、再就業機会としてフルタイム勤務の正社員を希望しても就業機会がなく、やむなく短時間勤務のパートなど非正社員の仕事に従事している者や正社員としての就業経験を生かせない仕事に従事している者、さらには就業を希望しても就業機会がなく無業にとどまっている者などが主婦や高齢者に少なくない。

　以上のように過剰な労働時間層と過小な労働時間層の併存状況がある。このアンバランスの解消が緊急の課題となる。

　なお、正社員に比べてパートなどの非正社員では、仕事と生活のバランスがとれているとする者が多く、過度なストレスがあるとする者も少ないが、他方で、家計をまかなえる賃金・処遇であるとする者やキャリア向上の機会があるとする者は少なくなる（はじめに及び第3章）。仕事と生活のバランスがとれているものの、それ以外では正社員と非社員の間に不均衡が生じている。

　第2は、企業内で活躍できる機会の男女間での不均衡である。均等法が施行され20年以上が経過したが、女性にとっては企業内で活躍できる機会は限定されたものでしかない。社会全体としても女性の就業率は、他の先進国に比べそれほど向上しておらず

(内閣府男女共同参画局編2005)、M字型労働力カーブが存続している。近年、M字型労働力カーブの底が浅くなりつつあるが、その上昇分の多くは未婚化によるものである(厚生労働省雇用均等・児童家庭局編2007)。つまり既婚女性に限定すれば、育児休業制度など両立支援の法整備が進んだものの、この20年間、結婚・出産時期も仕事を継続する女性の比率は25％前後で上昇しておらず(国立社会保障・人口問題研究所2005)、このことがM字型労働力カーブが維持されている要因である。結婚したり子どもが生まれたりすると、残業や休日出勤などが多い職場で、かつ夫の育児や家事への参加時間がきわめて少ない状況では、女性にとって仕事と子育て・家事の2重の「シフト」があり、継続就業が難しいものとなる。さらに、子育てが一段落したあとに女性が再就業する場合でも、非正社員としての再就業が多く、正社員として再就業できる者が少なくなる(第3章)。このように継続就業する女性が少ない結果などから、管理職に占める女性の比率もきわめて低い水準にある。

　こうした企業内での活躍機会の男女間での不均衡は、就業継続と結婚・出産との2者択一に女性が直面せざるを得ない状況、言い換えれば結婚・出産に直面しても仕事を辞めずに働き続けることが難しい働き方に起因するものである。

　この2者択一の状況は、男性は仕事・女性は家事・育児を担うという性別役割分業を前提とした「男性中心の働き方」が職場に根強いことによるものである。職場では、仕事中心の価値観を望ましいものとして、残業や休日出勤を部下に期待する管理職も少なくない。こうした職場では、結婚・子育てを諦めて男性中心の働き方にあわせて仕事を継続するか、あるいは結婚・子育てを契

機に仕事を辞めるかの2者択一に女性が直面することになる。

　結婚・子育てを経て仕事の継続選択した場合でも、残業がない補助的な仕事にしか従事できない状況も少なくない。また、子育てが一段落したあと再就業する者が多いものの、子育てや家事を担うためにフルタイムでの就業が難しく、パートなど短時間での勤務、現状では非正社員の勤務を選択せざるを得ない者がかなりを占める。パートなどの短時間勤務であっても女性が家事を主として担うため、労働時間と家事時間の合計は長時間労働の男性正社員よりも長い状況もある（第3章）。

　以上のように、継続就業する女性が少なく、また継続就業しても補助的な仕事への配置が多くなるため、管理職に占める女性比率が低い状況が改善されないことになる。男性の働き方が、女性のキャリア選択やライフスタイル選択を大きく制約しているとも言える。

　第3は、家事や子育てなど生活時間の男女間の不均衡である。男性の30歳代後半層や40歳代層の長時間層は、子育ての世代でもあるが、子育てへの参画を希望してもその実現が難しい状況に置かれており、家庭は父親不在とさえ言える。男性のこうした働き方が、子育てや家事など生活時間配分の男女間で不均衡の最大の要因となっている。

　女性が仕事を持っている場合でも、家事・育児を主に担うのは女性であり、男性の家事・育児の時間はきわめて短い。ちなみに平日も休日も家事をまったく行わない男性が2割弱を占める。

　この背景には、男性が家事・育児への参加を希望してもそれが実現できるような労働時間の長さや制度でないことがある。男性

も減らしたい「時間」として、「仕事」をあげる者が5割に近いが、それが実現しにくい状況にある（第4章）。こうした男性の生活時間配分のあり方は、家庭だけでなく、地域社会にもマイナスの影響をもたらしている。地域社会における様々は活用の担い手は、専業主婦やパート勤務の主婦さらには職業生活から引退した高齢者が主となり、フルタイム勤務で働く男女が見られない。家庭だけでなく、地域社会でもフルタイム勤務の男性は、その担い手として登場できていない。つまり、フルタイム勤務の男性の生活時間のほとんどを企業が独占しているのである。

　上記の3つの不均衡は、セーフティネットの不均衡にも現れている。経済が回復し、雇用情勢が好転しても、「勤労者短観」によれば、雇用不安も抱いている勤労者は20％前後で推移している。背景には、構造的な要因による失業などが景気回復でも減少しないことなどがあろう。それだけでなく、雇用不安は、性別、年齢、雇用形態、業種、職種などで差があり、特定層に雇用不安が集中している状況が確認できる。他方、雇用不安に対応するためには、職業能力を高めて転職可能性を高めたり、日頃から人的ネットワークを広げたりしておくことが望ましいことが知られている。しかしながら雇用不安が高い層は、勤務先で職業能力を高める機会が少ないだけでなく、自己啓発のための時間的を確保するゆとりも少なく、また人的ネットワークを広げる機会や時間も限定されている（第1章参照）。労働時間の不均衡が、自己啓発時間の不均衡をもたらしているのである。

　不均衡が今後も解消できないとすると、企業としても人材の確

おわりに　ワーク・ライフ・インバランスの解消を

保や活用に障害が生じることになろう。ワーク・ライフ・バランスを求める人々がそれを実現できないことで、仕事への意欲が低下し、人材確保も難しくなろう。企業内における女性の活躍の場が限定される結果、企業の活力も低下しよう。女性が直面している2者択一状況が改善されない場合には、女性の就業率の上昇が望めず、少子化を背景に労働力人口の減少がより深刻化し、同時に出生率も低下し少子化が加速しよう。そして地域社会の維持も難しくなろう。つまり、不均衡を解消することは、働き方を変えるだけでなく、それを通じて家庭生活や地域社会のあり方を変え、持続可能な社会とすることにも貢献しよう。

　労働時間などの働き方、企業内の仕事上での活躍の機会、生活時間などの男女間の不均衡、つまりワークとライフの不均衡を解消するためには「ワーク・ライフ・バランス職場」を構築することが緊急の課題となっているのである。こうしたことから政府も労使の団体と連携し、「仕事と生活の調和（ワーク・ライフ・バランス）憲章」を策定したのである。ちなみに、「仕事と生活の調和憲章」策定は、少子化対策だけでなく、女性の活躍の場の拡大と労働市場改革による就業率向上を目的としたもので、それらを通じて持続可能性のある社会とすることにある[1]。
　「ワーク・ライフ・バランス職場」を構築するためには、残業や休日出勤を当然視する働き方の改革が不可欠である。業務量を所与としてその完遂のために必要な労働時間を投入し続ける仕事管理・働き方ではなく、投入できる労働時間を所与としてその労働時間を活用して付加価値の最大化を目指す仕事管理・働き方に切り替える必要がある。そのためには、業務の優先順位付け、無駄

な業務の削減、時間当たり生産性の向上（仕事の効率化）への取り組みが重要となる（佐藤2007a）。こうした取り組みにおいて労働組合に期待される役割も大きく、その存在意義をアピールできる機会となろう。

「ワーク・ライフ・バランス職場」は、メリハリのある働き方を前提とするものである。こうした取り組みによって、不払い残業なども削減できよう（第2章）。同時に、従来の「仕事中心の男性モデルの働き方」を望ましいとする価値観からの脱却が求められる。とりわけ管理職の意識改革の緊急度が高い。管理職自身が望

1　経済財政諮問会議・労働市場改革専門調査会の第1次報告（2007年4月6日）は、仕事と家庭・地域社会の両立可能なワーク・ライフ・バランスの実現のために「ワーク・ライフ・バランス憲章」や「働き方を変える、日本を変える行動指針」の策定を提案し、また男女共同参画会議・仕事と生活の調和（ワーク・ライフ・バランス）に関する専門調査会の中間報告（2007年5月24日）や『子どもと家族を応援する日本』重点戦略会議の中間報告（2007年6月1日）もワーク・ライフ・バランスの実現と働き方の見直しの必要性を指摘し、こうした提言は「経済財政改革の基本方針2007」（2007年6月19日）に反映された。これらの議論を踏まえて政府は、「仕事と生活の調和（ワーク・ライフ・バランス）憲章」と「行動指針」を2007年12月に決定した。

「仕事と生活の調和（ワーク・ライフ・バランス）憲章」は、「仕事と生活の調和が実現した社会」に関して、「国民一人ひとりがやりがいや充実感を感じながら働き、仕事上の責任を果たすとともに、家庭や地域生活などにおいても、子育て期、中高年期といった人生の各段階に応じて多様な生き方が選択・実現できる社会」と定義している。そして、その社会は、下記の3つの柱から構成されているとしている。
①　就労による経済的自立が可能な社会
　経済的自立を必要とする者とりわけ若者がいきいきと働くことができ、かつ、経済的に自立可能な働き方ができ、結婚や子育てに関する希望の実現などに向けて、暮らしの経済的基盤が確保できる。
②健康で豊かな生活のための時間が確保できる社会
　働く人々の健康が保持され、家族・友人などとの充実した時間、自己啓発や地域活動への参加のための時間などを持てる豊かな生活ができる。
③多様な働き方・生き方が選択できる社会
　性や年齢などにかかわらず、誰もが自らの意欲と能力を持って様々な働き方や生き方に挑戦できる機会が提供されており、子育てや親の介護が必要な時期など個人の置かれた状況に応じて多様で柔軟な働き方が選択でき、しかも公正な処遇が確保されている。

ましいとしてきたライフスタイルが部下にとっても望ましいものではないのである。管理職は、自分とは異なる多様なライフスタイルを受容することが必要となる。

また、企業は、家事や子育てを積極的に担おうとする男性を支援するとともに、男性自身も家事や育児を自分自身で担うべきものと発想を転換することが重要である（第4章）。

上記の取り組みが実現することで、育児休業なども両立支援制度も実際に活用できる制度となり、「ワーク・ライフ・バランス職場」では、女性の就業継続率も改善していくことになろう（佐藤2007b）。

＜参考文献＞
内閣府男女共同参画局編（2005）『少子化と男女共同参画に関する社会環境の国際比較報告書』国立印刷局。
厚生労働省雇用均等・児童家庭局編（2007）『女性労働の分析　2007年』21世紀女性職業財団。
国立社会保障・人口問題研究所2005『出生動向基本調査』。
厚生労働省編（2006）『平成18年労働経済白書』国立印刷局。
佐藤博樹（2007a）「労働意欲を左右するワーク・ライフ・バランス：仕事管理・時間管理の変革を通じた効率化を」『中央公論』5月号。
佐藤博樹（2007b）「女性の活躍の場拡大とワークライフバランス」日本経団連出版会編『女性社員活躍支援事例集』日本経団連出版会。

あとがき

　景気という言葉は、もともとは「景色の気配」をさす漢詩や和歌、俳諧の用語だったものが、明治になって、景況の意味でのビジネスの翻訳語として採用されたのだという。まさに言い得て妙というべし。ビジネス・パーソンは産業の現場で景気の気配を感じながら日々暮らしている。半可通のKY評論家よりはよっぽど景気の空気を読んでいるのだ。そして、こうした人々の景況感が彼ら・彼女らの経済行動を通じて景気を左右する要因ともなる。景気動向を企業に聞く短期経済観測調査があるなら、働く人々の判断や意見を定点観測する調査があってもよいではないか。こうした問題意識から、連合総研の「勤労者の仕事と暮らしのアンケート」は始まった。2001年春のことである。その心意気を表現する意味で、連合総研の所内では、通称「勤労者短観」と呼んできた。

　幸いにして、佐藤博樹東京大学教授、今田幸子労働政策研究・研究機構特任研究員には、こうした私たちの心意気をご理解いただき、アドバイザーとしてのご指導を得ることができた。それでも、調査が軌道に乗るまでの数年は試行錯誤が続いた。困難を乗り切って調査が定着するまでは、初代担当者の藤井宏一主任研究員（現労働政策研究・研究機構統括研究員）の尽力も大きかった。

　何ごとも継続は力という。「勤労者短観」も、回をかさねる毎に、調査内容、実査体制は安定・定着し、『連合白書』をはじめ、調査結果の活用も広がってきた。時系列データの蓄積が進むにつれて、景気局面の推移が観察可能になってきた。各回のトピックス項目の結果も、現時点からふりかえってさらに分析を深めることもできる。けれども、その時々の報告書の分析の中では、必ずしもこ

うした継続の利点を活かしきれていない面があった。そこで、連合総研設立20周年を記念する「勤労者短観」特別分析プロジェクトとして、本書にご執筆いただいた研究者の方々と連合総研所員による共同研究が始まった。

　本書はこの共同研究の成果をもとに、累積すると10,000人を越えるビジネス・パーソンに尋ねた「勤労者短観」のデータ集積の分析による事実発見とそこからくみとれるメッセージを、いくつかのテーマ別に編纂したものである。21世紀初頭における職場の厳しい現実のなかで暮らしている多くのビジネス・パーソンの方々に本書の伝える空気を読んでいただけたら幸いである。

　最後に、困難な出版事情のなかで本書の刊行を実現していただいた株式会社エイデル研究所、編集にあたって格段のご協力をいただいた清水皓毅氏、新開英二氏に心より謝意を表したい。

2008年3月
連合総研設立20周年記念
「勤労者短観」特別分析プロジェクト事務局

執筆者紹介

佐藤　博樹（さとうひろき）――第6章、終章
東京大学社会科学研究所教授（人的資源管理・産業社会学）

佐藤　香（さとうかおる）――第3章
東京大学社会科学研究所准教授（計量歴史社会学・教育社会学・社会調査）

永井　暁子（ながいあきこ）――第4章
日本女子大学人間社会学部准教授（家族社会学・家族福祉論・女性福祉論）

前田　幸男（まえだゆきお）――第7章
東京大学大学院情報学環准教授・社会科学研究所准教授（政治学・世論研究）

岡田　恵子（おかだけいこ）――第5章
(財) 連合総研主任研究員

川島　千裕（かわしまちひろ）――第2章
(財) 連合総研主任研究員

千葉登志雄（ちばとしお）――第1章
(財) 連合総研主任研究員

連合総研設立20周年記念「勤労者短観」特別分析プロジェクト事務局
(財) 連合総研　副所長　鈴木不二一
　　　　　　　研究員　　後藤　嘉代

(財) 連合総研（財団法人連合総合生活開発研究所）
　労働組合「連合」のシンクタンクとして1987年に設立。勤労者とその家族の生活向上、経済の健全な発展と雇用の安定に寄与することを目的に、内外の経済・社会・産業・労働問題など、幅広い調査・研究活動を進めている。

バランスのとれた働き方――不均衡からの脱却

2008年4月1日　初刷発行	編　著　者	佐藤博樹
		連合総合生活開発研究所
	発　行　者	大塚　智孝
	印刷・製本	中央精版印刷株式会社
	発　行　所	株式会社 エイデル研究所
	102-0073　東京都千代田区九段北4-1-9
	TEL　03(3234)4641
	FAX　03(3234)4644

© Rengo soken
Printed in Japan　ISBN 978-4-87168-437-8 C3033